Colección LECTUR

C000025939

Lecturas de Español son historias interesantes, breves y llenas de información sobre la lengua y la cultura de España. Con ellas puedes divertirte y al mismo tiempo aumentar tus conocimientos. Existen seis niveles de lecturas (elemental I y II, intermedio I y II y superior I y II), así que te resultará fácil seleccionar una historia adecuada para ti.

En *Lecturas de Español* encontrarás:
– temas e historias variadas y originales,
– notas de cultura y vocabulario,
– ejercicios interesantes sobre la gramática y las notas de cada lectura,
– la posibilidad de compartir tu lectura con otros estudiantes.

NIVEL SUPERIOR - II

Una música tan triste

Coordinadores de la colección:
Abel A. Murcia Soriano (Instituto Cervantes. Varsovia)
José Luis Ocasar Ariza (Universidad Complutense de Madrid)

Autor del texto:
José Luis Ocasar Ariza

Explotación didáctica:
Abel A. Murcia Soriano
José Luis Ocasar Ariza

Maquetación e ilustraciones:
Raúl de Frutos Pariente

Diseño de la cubierta:
Carlos Casado Osuna

Diseño de la colección:
Antonio Arias Manjarín

Nueva edición: 2006

Editorial Edinumen
José Celestino Mutis, 4
28028 - Madrid (España)
Tlfs.: 91 308 51 42
Fax: 91 319 93 09
E-mail: edinumen@edinumen.es

Imprime: Gráficas Glodami. Coslada (Madrid)

Una música tan triste

ANTES DE EMPEZAR A LEER

1. El título de esta novela indica claramente que la música va a tener un papel importante en ella. Mira la foto de la cubierta; ¿qué clase de música crees que va a gustar a los protagonistas?

☐ a. Hip–hop   ☐ d. Jazz   ☐ g. Flamenco
☐ b. Heavy Metal   ☐ e. Rock'n'Roll   ☐ h. Electrónica
☐ c. Clásica   ☐ f. pop   ☐ i. Samba

2. ¿Te gusta la música? ¿Es importante para ti? ¿Cuáles son tus tres grupos favoritos? (Intenta mencionar grupos internacionales).

1. _____

2. _____

3. _____

4. _____

5. _____

Compáralos con los de tus compañeros. Hablad sobre las diferencias o coincidencias entre las listas, y sobre vuestros gustos.

3. ¿Qué opinas de la gente que se agrupa en torno a tipos de música? ¿Es bueno hacerlo así? ¿Es representativo o importante hoy en día?

4. De entre las siguientes palabras, selecciona 5 que pienses que puedan ser relevantes en la novela:

❏ Coches	❏ Violencia	❏ Amor
❏ Trabajo	❏ Fútbol	❏ Familia
❏ Cine	❏ Universidad	❏ Ordenadores
❏ Niños	❏ Política	❏ Ropa
❏ Sueños	❏ Dinero	❏ Bares
❏ Drogas	❏ Aviones	❏ Pistolas
❏ Viajes	❏ Cerveza	❏ Juegos
❏ Motos	❏ Muerte	❏ Misterio

5. Utilizando estas 5 palabras, haz una hipótesis sobre la historia que vas a leer. Imagina cuál puede ser y escríbela brevemente. A ver si aciertas.

_____

_____

_____

_____

6. ¿Te gusta la música de tu país? ¿Cómo es? ¿Conoces algo de la música española? Conversa sobre ello con tus compañeros.

CARA A

¿Ya podemos empezar? Bueno, esto es difícil. Si no hubieras sido tan pesada, nunca me habría sentado aquí a contarte todo. No sé por qué estás tan interesada en esta historia. Además, tú estarás acostumbrada a tratar con gente a la que no le importa nada hablar, que **largan** sin problemas... Yo no, para nada. Tendrás que tener paciencia, porque **me dará corte** o **se me irá la olla**. Aparte de que ya el tema es bastante fuerte.

Bastante fuerte, sí. ¿Qué te puedo decir? ¿Por dónde empiezo? Sí, claro, por el principio. Bueno, yo estaba más o menos como estoy ahora. Trabajaba en el taller, pero todavía no era el encargado. No ganaba mucho, pero podía vivir, cosa rara en estos tiempos. Sí, vivía en el mismo sitio que ahora; en realidad, no ha cambiado casi nada... excepto lo más importante, claro. Cuando empezó todo yo tenía... veinte o veintiuno, creo. Fue hace tres años... entonces, veinte. Veinte años.

La conocí en los bajos de **Aurrerá** un sábado. En esa época iba allí con mi gente a **buscar camorra** y a **enrollarnos**. Éramos un grupo de siete u ocho, todos con moto. Sí, metíamos un poco de miedo a la gente, pero si no eres un poco **macarra** en este mundo, es-

largan: aquí, hablan. Normalmente debería concordar en singular, pero en el lenguaje coloquial suele hacerlo en plural.
dar corte: avergonzar.
olla: aquí, cabeza. **Se me irá la olla** = hablaré de una forma caótica

Aurrerá: zona de bares en el barrio de Moncloa, en Madrid.
buscar camorra: armar escándalo, buscar pelea.
enrollarnos: conocer gente.
macarra: peligroso, agresivo; también de mal gusto, vulgar.

tás jodido. Todos te hablan de paz, pero sólo quieren pisarte el cuello. Mejor juega con tus cartas y písales los abrigos, eso es lo que yo digo.

A veces íbamos con Juanma el Terrible y su grupo de Hombres Masculinos. ¿No los conoces? Juanma es una leyenda en Madrid, nena. Es un tipo que pesa cien quilos, siempre iba a **armar bronca** por Moncloa, un tío duro de verdad, pero también una especie de caballero del sur, que dice cosas increíbles a las **tías** y les besa la mano. Su banda se llama los Hombres Masculinos y a nosotros nos caen muy bien. ¿Que por qué se llaman así? Bueno, tienen una filosofía de la vida muy particular que a mí me gusta mucho. Odian a los hippies y a los **maricas**, llevan vaqueros que no conocen el agua y su sastre se llama Levi's. Les encanta la pelea, la carne y la cerveza y están empeñados en ser auténticos machos. ¿Qué, no te gustan? Seguro que tú también piensas que la mujer es igual al hombre. ¡Valiente tontería! El mundo está lleno de **nenazas**, es el problema.

¿Verdaderos hombres? ¿Quieres una lista? El primero, John Wayne, un auténtico baluarte contra los blanditos; Atila, Clint Eastwood, **Juanito**, **Gutiérrez Mellado**, Margaret Thatcher, José María **Barrionuevo**, John McEnroe, Arnold Schwartzenegger..., gente así. El hombre masculino auténtico viste como un hombre y habla como un hombre, con pocas palabras; no es fino, responde con un "sí" o con un "no". En cuanto ves a una persona puedes saber si estás ante un hombre o ante un blandito: unas marcas en la **jeta**, unas tiritas en las cejas o unos buenos tatuajes ayudan a distinguir rápidamente. Por supuesto, también los amigos son impor-

armar bronca: pelea.

tías: coloquialmente chicas, mujeres.

maricas: homosexuales.

nenazas: desde un punto de vista machista, hombre frágil, poco "macho" o cobarde.
Juanito: futbolista español de los años 80.
Gutiérrez Mellado: militar y político español que fue ministro en los años 70 y 80.
Barrionuevo: Ministro del Interior socialista. Implicado en la "guerra sucia" contra ETA durante los años 80.

jeta: cara (argot).

tantes en estos tiempos donde sólo triunfan los maricas. El mismo Gengis Khan tenía una o dos hordas. Un fin de semana entre hombres, pasado en ver los vídeos del Mundial, **pimplando** cajas de cerveza: eso es masculino. ¿Quieres divertirte, pelearte, montar bronca, cambiar el aceite del coche? ¿A quién invitas? ¿A las tías? ¡Aaaah, qué **coñazo**! Invitas a los colegas; a la banda de toda la vida.

No, no es broma. Es verdad de la buena. Los Hombres Masculinos tienen su trabajo, su música, su cine, su forma de actuar con las tías... ¿Por ejemplo? Un hombre de verdad es camionero, mecánico (como yo), escritor alcohólico, bombero... No es modista, bailarín, secretario de las Naciones Unidas, mimo o florista. Le gustan *Mad Max, Harry el Sucio, Taxi Driver* (Robert de Niro limpia las calles de Nueva York. Legítima defensa), *La matanza de Texas*, Charles Bronson, Ronald Reagan (profesión: hombre), cosas así. El hombre masculino no tiene nada contra la música. Ya sea country o rock'n'roll, la música es importante mientras te das una vuelta con un hatajo de viejos colegas; hay que huir de Phil Collins, Stevie Wonder y todo ese racimo de blanditos.

Bueno, con las mujeres es más o menos lo mismo. Cuando sientes que todo el mundo ha quedado sexualmente satisfecho, hay que **largarse** de inmediato; una palmadita en las nalgas y un "Hasta la vista, muñeca", causará siempre la más viril impresión en cualquier mujer digna de ese nombre.

Oye, oye, no te **cabrees**. Tú me has preguntado y yo te he respondido. Si no te gusta, no te metas conmigo. Además, ya te he dicho que nosotros éramos

pimplando: bebiendo alcohol (argot).

coñazo: aburrimiento.

largarse: irse, escapar.

cabrearse: enfadarse.

borrachos como cubas: totalmente borrachos.

pirao (pirado): loco.

pedo: borracho.

guay: bueno, bonito.

mola: ser bueno, bonito; en general, efecto positivo de algo.

de mala leche: de mal humor.

bareto: coloquialmente, bar.

niñato: peyorativamente, joven sin experiencia.

simpatizantes, pero no estábamos de acuerdo en todas esas cosas. ¿En cuál no estoy de acuerdo? Dejémoslo. Aparte de que después de todo lo que pasó con Laura yo he cambiado mucho.

Bueno, la cosa es que siempre salíamos juntos los fines de semana. Empezábamos en Moncloa por la tarde y acabábamos **borrachos como cubas** a las mil de la noche en cualquier sitio. Normalmente conocíamos a algunas tías y... bueno, ya sabes. Pero no importaba mucho. En realidad nos divertíamos solos. Si nada más piensas en mujeres acabas un poco "**pirao**". Tu moto, cerveza y unos colegas, no necesitas mucho más. Nos gustaba bailar cosas duras, nada de bailecitos de discoteca tonta. ¡Ja, ja! Tenías que ver los dos metros de Dioni bailando **pedo**. Era genial. Teníamos un recorrido más o menos establecido de sitios **guays**. ¿Has visto mi moto? **Mola**, ¿verdad? Es una vieja BSA Rocket, ya no se hacen así. Lo menos tiene treinta años, pero yo la cuido y está nuevecita; ésta es una moto, y no las japonesas.

La cuestión es que ese día yo estaba un poco cabreado. En el taller se había estropeado una máquina y teníamos trabajo atrasado, así que estaba de **mala leche**. Normalmente quedábamos en el «Cadillac», un **bareto** donde ponían buena música, mucho Bruce Springsteen, Elvis, rock, ya sabes. Serían las ocho y media. Había mucha gente a esa hora y el ambiente estaba cargado. Mucha niña de colegio con ganas de desfogarse de toda la semana y mucho **niñato** que no sabía beber. Yo entro como puedo, abriéndome paso entre la gente y al fondo veo, sobresaliendo de todos, la cabeza de Dioni hablando con alguien. Siempre es así: para saber dónde está mi gente, sólo tengo que fijarme en la cabeza de Dioni sobre los demás. Ya te he dicho que mide casi dos metros. El tío se tenía que agachar para escuchar lo que le estaban diciendo. Me acuerdo que sonaba James Brown, ya sabes, *the sex machine.* ¿No? Estás tú muy informada. ¿No sabes quién es James Brown? ¡Qué vergüenza! ¿Y tú has estudiado en la universidad?

Bueno, bueno, ya me centro. El caso es que entro, mirando a las niñas, que estaban todas guapísimas, en el mejor momento, alegres pero no borrachas. Yo estaba un poco de mal humor porque en el taller... Sí, esto ya te lo he contado. Vale, llego hasta donde estaba Dioni y me encuentro en primer lugar a Rafa, otro colega, que viene hacia mí y me dice que me fije en **la belleza** que estaba hablando con Dioni. Yo le dije que no estaba para bellezas. Pero miré y la vi.

la belleza: aquí, la bella mujer.

Era una tía muy pequeña; eso fue lo primero que me llamó la atención. Debía de medir uno sesenta como mucho. Al lado de Dioni parecía un gatito. Iba toda vestida de negro. Llevaba uno de esos pantaloncitos ajustados que parecen medias. ¿Fu... qué? ¿Fusós? Bueno, pues eso, unos fusós y encima una camiseta negra demasiado grande con la cara del cantante de The Cure. ¿Tampoco los conoces? No importa. La cuestión es que era una auténtica preciosidad. Tenía el pelo castaño y ondulado, suelto. Me fijé en que parecía muy limpio. Sus ojos eran grandes y castaños también y todos sus rasgos eran finos, como si hubieran sido dibujados con más detalle que los de los demás. En aquel momento supe que acabaríamos mal, pero si no sabes nadar, mejor no vayas a la playa. O sea, si no

hablando en plata: hablando de forma clara.

flechazo: amor a primera vista.

se emocionan: coloquialmente, pierden la cabeza.

no rige muy bien: no funciona muy bien.

cachondas: divertidas, simpáticas.

tener buen rollo: expresión compleja que alude a una forma de vivir o de entender las relaciones entre personas de forma muy positiva, agradable y sin presiones.

lelo: tonto, simple.

caer la baba: quedar atontado, admirar.

modestia aparte: expresión frecuente para atenuar un elogio que uno se hace a sí mismo.

punquis: *punks.*

raperos: jóvenes a los que les gusta la música *rap.*

quieres problemas, no te pongas un cazadora negra, ¿comprendes? Bueno, **hablando en plata**, fue un **flechazo**. Tenía unos ojos muy grandes y una cara muy pequeña, lo que le hacía parecer asustada. Ah, ¿has visto fotos suyas? Sí, claro, salió en los periódicos.

No me interpretes mal. No soy de los que **se emocionan** con las tías. Me gustan mucho, claro, pero creo que no podemos entendernos. A mí, por lo menos, no me comprenden y yo no las comprendo. Me parece que queréis demasiado, que nos chupáis la sangre y los sesos; más vale manteneros a distancia prudencial. Es una cosa rara, porque las mujeres van detrás de nosotros y nosotros de ellas sin que parezca que nos entendamos nunca. Yo prefiero ir con mis amigos; no es que hablemos de grandes filosofías, pero con una mirada está dicho todo, nos entendemos sin hablar. Con las tías no es posible eso, creo yo. Ya te contaré lo que piensa Manolo de las tías. ¿Manolo? Un tío muy raro que nos encontramos de vez en cuando por las noches. Su cerebro **no rige muy bien**, pero dice unas cosas muy **cachondas**, **tiene muy buen rollo**. ¿Puedo pedir otra cerveza?

Bueno, pues eso. No soy un **lelo** al que se le **cae la baba** con las chicas. Además, **modestia aparte**, tengo donde elegir. El caso es que esta tía que estaba con Dioni tenía una cosa especial, una especie de mirada profunda, un poco triste. Al principio lo atribuí a que era una siniestra de ésas de The Cure. Los siniestros me caen bien, no como los **punquis** o los **raperos**... ¿No te interesa esto? La música es muy importante si quieres comprender algo de lo que pasa en el mundo, chica. No puedes andar por ahí sin saber qué te están

cojonudo: muy bueno.

Los 40 principales: nombre del más importante programa de música comercial de España.

chulo: aquí, arrogante, seguro de sí mismo.

mini: vaso de un litro de cerveza.

diciendo si te dicen «The Clash son **cojonudos**» o si a alguien le gusta Barry Manilow. ¿No comprendes que la música es lo más importante del mundo cuando alguien tiene menos de treinta años? Más vale que te enteres. ¿A mí? Bueno, a mí me gusta Elvis y me gusta el *blues*, sobre todo, pero también Bruce Springsteen y algunas cosas de otros grupos, ya sabes, Rolling, Dylan, Doors, Tom Waits y cosas así. Pero el blues, chica, es estar por la noche poniendo a cada estrella una nota de la guitarra del bueno de B.B. King o encontrar la cerveza prehistórica en la voz del viejo John Lee Hooker. ¿He dicho cerveza prehistórica? Mm, me gusta. Eso es música, nena, no lo que se oye en **Los 40 principales**. Yo...

Bueno, bueno, ya sigo con la historia. Pero más vale que tomes nota de lo que te he dicho. ¿Por dónde iba? Ah, sí, el primer encuentro. Yo estaba con Rafa mirando a la chica que estaba hablando con Dioni, muy agachado para escuchar lo que decía entre la música. Entonces vi que Dioni, sonriendo, me señalaba con el dedo, y la chica me miró. Noté como si me estuviera analizando, pero no sonrió ni nada parecido. Los dos se acercaron a mí, Dioni riéndose y la chica más bien seria. Dioni me dijo:

– Laura: Pablo. Pablo: Laura. La acabo de conocer —me dijo—, pero me parece que te resultará más necesaria a ti. Creo que tiene algo que te puede interesar.

– Ah, ¿sí? –dije yo, un poco **chulo**.

– Sí, os dejo solos –dijo él sonriendo, maliciosamente. Y se fue con los demás, que estaban sentados al fondo del Cadillac, pasándose un **mini** y mirando a las tías.

Ella hasta ese momento no había dicho ni una palabra y parecía desconfiada. Su actitud era fría. Quiero decir que no era la habitual de una chica de diecisiete años más o menos que está en una discoteca para **ligar**. Eso **me escamó**. Normalmente las cosas eran más fáciles; sobre todo para mí. En estos sitios todo el mundo sabe a lo que va. Finalmente ella habló:

– Bueno, si quieres algo, tengo de todo –me dijo.

– ¿Cómo?

– Sí, ¿qué quieres?

Yo no entendía de qué demonios estaba hablando ella. ¿Qué quería yo? ¿De qué tenía todo ella? Estaba yo completamente perdido, pero no quería pasar por tonto, así que decidí hacerme el interesante y continuar el juego.

– ¿Qué tienes? –le pregunté. Esperaba que su respuesta me ayudase a comprender de qué estábamos hablando.

– Tengo de todo, tío. Y de buena calidad.

Entonces comprendí. Me estaba ofreciendo droga. Demasiado misterio para eso. En la zona de Moncloa es muy fácil encontrar droga, como sabes, pero normalmente te la ofrecen en la calle tipos muy reconocibles. No es normal que se metan en los bares para chicos jóvenes a las ocho de la tarde para ofrecer a la gente. Yo en aquel momento sólo tomaba **coca** ocasionalmente, ¿sabes? Lo normal los fines de semana, ni siquiera todos. En aquel momento no tenía muchas **pelas** y estaba de mal humor. Pero lo curioso es que

ligar: flirtear, conocer gente.

me escamó: me hizo sospechar.

coca: cocaína.

pelas: coloquialmente, dinero.

me molestó que esa niña tan guapa y tan joven fuera
una **camella**. En realidad no tenía ningún motivo para sentirme molesto. No la conocía de antes ni me importaba a qué se dedicara. Tampoco soy un hipócrita
de esos que se escandalizan por las drogas. Creo que
cada uno se puede matar como quiera. Bastante **chunga** es la vida; hay gente que necesita estas cosas, que
el único amor que pueden tener es el que se inyectan.
No me escandalizo, no. Pero en este caso me **jodió**, y
no sé cómo definir por qué. ¿Ves esos niños que están
jugando ahí delante? Era como si uno de ellos se pusiera a fumar; ya ves que yo fumo y no me puede parecer mal, pero esos niños tienen seis o siete años. No
es el momento, parece como si se estropearan de alguna forma, como si se corrompiesen. Algo de eso
sentí entonces, como cuando ves a tu hermana pequeña con un tipo por primera vez. ¿Comprendes? Me
sentí enfadado sin motivo. Ya venía de mal humor y
aquello acabó de joderme. Así que me desahogué.

– ¿Sabe tu madre a qué te dedicas?

– ¿Cómo?

– ¿Que si sabe tu madre a qué mierda te dedicas
los viernes por la tarde? ¿Qué pasa? ¿Con lo que
sacas de esto te pagas la ropa, o solamente lo gastas en copas?

Ella se quedó cortada. Yo estoy acostumbrado a los
bajos fondos; viviendo en **Tirso de Molina** más te vale estarlo. Así que me esperaba que **me mandase a la
mierda** y me dijese que me metiese en mis asuntos, o
que me insultara o algo así. En vez de eso, ella se quedó como sorprendida, ¿sabes? Como si yo fuese su

me importa un ble-do: no me importa nada.

que te jodan: expresión vulgar para expresar deseo de que a una persona le ocurra algo malo.

me importa un carajo: no me importa nada.

gilipollas: insulto muy popular. Estúpido, idiota.

mierda: aquí, droga.

antro: lugar oscuro, sucio, poco recomendable.

pijos: de clase alta; elegante pero superficial.

joder: aquí, exclamación (vulgar).

estaba hecha polvo: aquí, triste, psicológicamente derrumbada.

piérdete: vete, desaparece.

profesor de matemáticas y ella no supiera responder en clase. Seguro que no esperaba un sermón, y menos de un tipo como yo. De todas formas, intentó hacerse la dura conmigo.

– ¿Y a ti qué te importa?

– A mí **me importa un bledo**, ¿sabes? **Que te jodan.** Me importa un carajo lo que hagas y que seas tan **gilipollas** como para andar vendiendo **mierda** en este **antro**, ¿sabes? Puedes hacer lo que te dé la gana, por mí como si te mueres. Sólo tenía curiosidad por saber qué piensa tu querida madre. ¿O es que ella es la que te ha metido en esto? ¿Así os ganáis la vida los **pijos**?

Bueno, pues a ella se le llenaron los ojos de lágrimas. ¿Te lo puedes creer? No es que se pusiese a llorar, pero se notaba que se le habían humedecido los ojos. Increíble. Era una camella, **joder.** Se supone que esa gente tiene que ser un poco más dura. Pues no. Incluso le temblaba la barbilla. Estaba como enfadada, pero se veía que **estaba hecha polvo**.

– Oye, déjame en paz –me dijo.– Yo no me meto en tu vida. ¿Qué tienes tú que decir de mi madre? ¿Eh? Si no quieres nada, ¿para qué me llamas? ¿Te quieres meter conmigo o qué?

Era una réplica de niña de colegio. Enternecedor.

– Yo no te he llamado –le dije tranquilamente.

– Tu amigo me ha dicho que tú me comprarías algo.

– Mi amigo es un bromista, ¿comprendes? No te voy a comprar nada. No compro droga a niñas pequeñas que acaban de salir del colegio. **Piérdete**, anda.

hostia: bofetada, golpe.

enrollarse: hablar demasiado sobre algo.
caña: vaso de cerveza de barril.

nos dieron las diez: el tiempo pasó sin que se dieran cuenta hasta las diez de la noche.
Entrevías: barrio del sur de Madrid, muy pobre.
cuchitril: aquí, casa muy pobre y sucia.
moderna: persona que intenta ir a la última moda en el vestir.
tirada: persona pobre, miserable.

arreaba: golpeaba, daba palizas.

alucinado: asombrado, sorprendido.
moco de pavo: cosa sin importancia.

poner los pelos de punta: dar miedo.

De repente ella me dio una **hostia**. Era lo último que podía esperar, una reacción como del siglo diecinueve, algo fuera de lugar. En realidad casi todo lo de Laura estaba fuera de lugar. Entonces yo... ¿Te parece demasiado largo? Bueno, ya sé que esto no te sirve de mucho para lo que tú quieres, pero es importante si quieres saber algo sobre ella. ¿Prefieres que no me **enrolle** tanto y vaya a la historia en sí? Okey, vale. ¿Puedo pedir otra **caña**?

Bueno, el caso es que entre unas cosas y otras terminamos hablando. Ya sabes que cuando te peleas en un bar, luego puedes acabar tomándote unas copas con el tío con el que te has partido la cara. Algo de esto pasó aquí. **Nos dieron las diez** y todavía estábamos hablando. Los demás no sé dónde estaban. Ella me contó que vivía en **Entrevías**, en un **cuchitril**. ¡Y a mí que me había parecido una pija disfrazada de **moderna**! En realidad Laura era tan preciosa, tenía un aspecto tan fino que inmediatamente hacía pensar en una chica educada de clase alta, ¿comprendes? En lugar de eso, era una auténtica **tirada**. Había ido al colegio hasta los trece años, pero no había continuado estudiando porque su padre había muerto. No, no: lo mataron. Según parece, el tipo, que era mecánico como yo, era de carácter difícil, algunas veces le **arreaba** a la madre y bebía bastante, así que lo mató un tipo en una pelea en un bar. La cosa es que cuando me contó su vida yo me quedé bastante **alucinado**; mis amigos no son **moco de pavo**: conozco muchos que han estado en la cárcel y he oído historias que **ponen los pelos de punta**. Pero era la primera vez que veía ese mundo que yo ya conocía en la voz de una niña,

¿comprendes? Las personas que yo conocía de esa clase eran hombres peligrosos. Conozco al "Púas", que mató a dos tipos una noche, ¿sabes?, gente que tiene marcado en la frente el signo de la mala vida; mala de verdad.

Pero ahora lo que tenía delante era una niña en ese mismo camino. Me di cuenta entonces de que los tipos que yo conocía habían sido niños también y posiblemente habían sido maltratados o abandonados o golpeados, humillados, qué sé yo. Ahora no tenían ni rastro de aquellos breves tiempos, por supuesto. Pero Laura sí. Laura todavía no estaba completamente **echada a perder**. No me hagas que te lo explique, ¿vale? No puedo explicarlo, no sé hablar muy bien, no he ido a la universidad como tú. Sólo creo que de alguna forma la vida es un fraude; todo es basura, todo es una gran lucha para que no te jodan demasiado. Resulta difícil mantener una cierta dignidad; por eso me gusta el *blues* y me gusta John Wayne y me gusta ir en moto y todo lo demás. A la hora de la verdad estás solo ante el peligro, ¿no? Normalmente parece como si todo fuera una autopista hacia el infierno. No tienes lo que mereces, tienes lo que no has podido esquivar. Nadie me pidió opinión para estar aquí. Si tengo que estar, no quiero encima poner cara feliz. Odio a los felices. Pero bueno, esto nos desvía de la cuestión. Además, necesito otra cerveza.

La cosa es que me desapareció el cabreo. Nos fuimos de allí, yo le **di plantón** a la banda y nos pasamos toda la noche por **Huertas**, hablando y bebiendo. Hacíamos una buena pareja: un **roquero** de metro ochenta y una siniestra que me llegaba apenas al

con autoridad: de forma decidida.

empinándose: poniendose sobre las puntas de los pies.

bolingas: borrachos.

me acuerdo que: aunque lo correcto es "de que", en el lenguaje coloquial a menudo desaparece la preposición.

sobaco. Ella se movía **con autoridad**, eso sí. Sabía mucho, sabía qué tipo de gente era cada una y no tenía miedo a casi nada. O eso me pareció a mí entonces. Yo la observaba mientras pedía en algún bar, **empinándose** para hacerse notar y para llegar a la barra, y poco a poco me ganaba una especie de ternura, yo no sé cómo llamarla. Me gustaba verla tan pequeña y esa noche olvidé que era una camella. Noté una cosa en el estómago que había sentido sólo a los catorce años, cuando veía a una chica de mi barrio.

Como comprenderás no voy a contarte los detalles, pero esa noche (increíble, tratándose de mí) no pasó nada. Ni un beso. Solamente hablamos de la vida y de la música, lo cual es casi lo mismo. A veces nos callábamos, escuchando canciones que ponían en los sitios a donde íbamos. Yo aspiraba profundamente el humo de mi cigarro, dejando que el humo, unido a muchos otros humos, formase una pantalla donde como en una niebla se adivinase la cara de Laura escuchando alguna cosa que le gustase; siempre encontraba una expresión ausente, seria, extraña, pero también sus ojos marrones tan grandes como monedas. Al final, medio dormidos y bastante **bolingas**, íbamos agarrados por la calle. **Me acuerdo que** estaba húmeda la calzada y sin embargo no habíamos notado que lloviera. Ella me llegaba al sobaco, era muy gracioso. Sí, era gracioso, pero ella apenas se reía. Ese era un rasgo importante de su carácter: no se reía nunca. Sonreír sí, pero reírse, nunca. Eso no me gustaba. A las seis de la mañana nos despedimos justamente ahí, delante del Teatro Español, donde está ese coche blanco aparcado, me acuerdo perfectamente. No, el blanco, ¿lo ves? Se me-

Al final, medio dormidos y bastante bolingas, íbamos agarrados por la calle.

tió en un taxi y me dijo que me llamaría. Yo no podía llamarla porque ella no tenía teléfono.

Así que pasó una semana y yo creí que ella se habría olvidado de mí, porque no me llamó. La verdad es que me fastidiaba que no llamara. Esa semana no salí casi nada. Iba rápidamente a mi casa a esperar que me llamara. Me pasaba el rato leyendo revistas de motos y coches y el **«Marca»** y viendo la tele. Un asco, vamos. Cada día me ponía de peor humor. **Me cagaba** en esa tía que me hacía estar en casa a las siete de la tarde y no ir al bar o a jugar al fútbol. Además, me sentía un **pardillo**. Mierda, yo tenía veinte años, llevaba con tías desde los trece, las tenía cuando quisiera, no es por **fardar**, pero nunca he tenido problemas... Y esa tía enana me tenía fastidiado, metido en casa, ¡a mí!

Por cierto, me doy cuenta de que hace un rato que no dices nada. ¿Ya no te parece que **me voy por las ramas**? Ah, te está interesando. Vale, vale. Sí, por ahora todo es un poco tópico, es verdad, pero estas historias nunca son tópicas para el que las sufre, ¿comprendes? Así que a mí me importa un bledo que sea tópico o no. Es mi historia. Y tú has querido que yo te cuente todo, ¿no? No sólo lo que pasó después, sino cómo era ella, cómo la conocí y todo eso, ¿no? Pues ahora tienes que escuchar y callar.

Bueno, resulta que los viernes cerramos el taller a las tres de la tarde y yo ese día me volví a casa a dormirme una siesta y prepararme para salir después. Ya casi había descartado que Laura me llamara. En esto que son las cinco o así y suena el teléfono. Yo, claro,

plan: cita.
cachondearse: burlarse, ironizar.
chorradas: tonterías.
colgarse con alguien: enamorarse.
de puta madre: perfecto, precioso, magnífico, muy bueno.
maqueado: vestido elegantemente.
chupa: cazadora, normalmente de cuero.
para tumbar: impresionante.
de alucine: muy bien, precioso, admirable.

estaba durmiendo. Saco la mano tanteando, lo cojo y era ella. Yo no estaba de muy buen humor, como podrás suponer, pero cuando oí su voz el corazón me dio un vuelco; sólo con oír "¿Pablo?" ya supe que era ella. Yo al principio estaba un poco irónico por lo que te he contado. ¿Qué es eso de tardar una semana en llamar?

Quedamos en el mismo sitio de la semana anterior. Yo llamé a Rafa y les dije que esa tarde se las arreglaran como pudieran, que yo tenía **plan**. Rafa se **cachondeó**, lógicamente, pero yo no estaba para **chorradas**. De alguna forma, no quería que mis colegas hiciesen con Laura las bromas habituales cuando uno se **cuelga demasiado con una tía**. Me duché, me arreglé **de puta madre**, bien **maqueado**, con mis vaqueros negros, mis botas, camiseta blanca bien ajustadita y mi **chupa** negra de Harley Davidson. **Para tumbar**, vamos. Ella, me acuerdo, llevaba unos vaqueros muy viejos que le sentaban **de alucine**, una camisa blanca y una cazadora vaquera también muy vieja. No parecía una camella de barrio bajo y tampoco iba de siniestra. Más bien parecía que se había vestido un poco más a mi estilo; me gustó ese detalle.

Lo que me llamó la atención cuando la vi fue que tenía bastantes ojeras. Si su aspecto no era muy alegre habitualmente, ahora con ojeras la impresión era más seria. Ya te he dicho que ella pocas veces sonreía; pero ahí me di cuenta de que yo le gustaba. Algo en la voz, que no era exactamente alegría, y sobre todo, algo en los ojos, que no se puede explicar... entonces lo supe y me puse muy contento, algo un poco infantil y que me pone nervioso, ya te lo he dicho. Nervioso pero contento. Otra cerveza, por favor.

el Parador: lugar muy tradicional de copas en los años 70 y 80, en el barrio de Moncloa.

lanzado: excitado.

aquí te pillo, aquí te mato: frase tradicional: realizar algo en el primer instante en que se tiene ocasión.

al grano: a lo importante.

garito: sitio de copas oscuro, poco elegante.

Atleti: Atlético de Madrid, equipo de fútbol.

va como la seda: va muy bien.

Esa tarde sí tuvimos más que palabras. Estábamos en **el Parador**, ¿lo conoces?, en el piso de abajo. No recuerdo exactamente cómo surgió, pero entre el humo, el sudor condensado y el ruido de la música y los gritos, me encontré besándola. Su cuerpo era frágil, muy delicado. Por un lado me daba como miedo de romperla y por otro me ponía bastante... **lanzado**, tú ya me entiendes. Algo me impulsaba a actuar de forma diferente a lo habitual. Normalmente soy muy directo, sin contemplaciones, "**aquí te pillo, aquí te mato**", ya sabes. Directo al **grano**. Pero con Laura prefería ir suave, no sé, era otra cosa también en eso. Como si fuera de cine, ya sabes, algo muy bonito, muy como de película, sin pasarse. Cojonudo, vaya.

A mí ese rato me cambió. Mira que estábamos entre la gente que nos empujaba al pasar y la música que nos atronaba los oídos, el regusto de la cerveza en la garganta, el sudor bajo la ropa... ya sabes, el ambiente normal en un **garito** un viernes por la tarde. Pero yo sólo tenía manos y labios y sentidos para ella, tan pequeña, tan bien hecha, con sus besos tan sutiles, tan acabados, tan detallados. Como verás, no sé explicarme muy bien. Pero no me importa si lo entiendes o no. La cosa es que yo me encontraba cambiado, como despojado del personaje que yo era para el mundo. Ya no me importaba si mi pelo estaba bien colocado o si me sentaban bien los *jeans*; ni siquiera me importaba si ganaba o perdía el **Atleti**. Era como cuando un motor suena suave y ronronea y sientes que todas las piezas se mueven perfectamente dentro y que todo encaja y **va como la seda**. Entonces me suelo limpiar las manos, saboreo más el chicle que masco y me siento bien, satisfecho. Con Laura esa primera vez que estábamos juntos era parecido, pero más profundo, más completo, ¿entiendes? Incluso recuerdo que sonaba "Layla" de Clapton; mejor, imposible.

Esa noche nos fuimos a mi casa. Por supuesto, no voy a contarte nada de lo que pasó, como comprenderás. Pero si te interesa, ella se comportaba con naturalidad, sin esos falsos pudores y **ñoñerías** de las pijitas habituales. Estaba claro que no era la primera vez que estaba con un tío, pero yo tampoco esperaba que lo fuese. Quiero decir que no era algo exactamente nuevo para ninguno de los dos, pero recuerdo muy bien cada momento, algo que normalmente no me pasa. Así que no debió de ser tan habitual.

¿Que qué decía? Bueno, es una cosa rara... No es su voz o las cosas que decía lo que más recuerdo. En realidad hablaba muy poco, ya te lo he dicho. Generalmente resultaba muy suave. No tenía los gestos duros y bruscos que suelen tener a esa edad las chicas, esas risas altas o esos intentos de ser más chulas que los tíos, ¿sabes lo que te digo? Laura era más bien suave, como si todos sus movimientos fuesen curvos. Lo peor que tenía era... es difícil de definir... como si no tuviera apego a la vida, ¿comprendes? Eso se veía cuando alguna cosa, algún detalle, a veces pequeño, no le gustaba; entonces ponía una cara triste, seria, inexpresiva, como si estuviera en el otro lado de algún sitio y sólo fuese una espectadora de una mala película. Eso no me gustaba nada, porque miraba desde un sitio donde yo no podía llegar, y sentía que una parcela muy importante de su vida y de su persona se me escapaba. Odiaba eso.

ñoñerías: pudores tontos, melindres.

acojonante: impresionante, increíble.

coño: exclamación (vulgar).

enrollarse: aquí, iniciar una relación sentimental.

hay quien nace con estrella y quien nace estrellado: frase tradicional que afirma que la buena o mala suerte está determinada desde el nacimiento.

Por supuesto, desde aquella primera noche quedó claro que ella era mi chica. Yo le dije que quería verla todos los días y ella sonrió por primera vez, ¿comprendes?, por primera vez. Es **acojonante** que una persona tarde dos días en sonreír, especialmente si está con alguien que le gusta. Bueno, pues sonrió por primera vez. Era una sonrisa que me dejó helado. Parecía como si algo caliente la llenase, como si estuviera agradecida... Es un poco fuerte decir esto, ¿no? Pero era algo así, como si lo que es tan normal, que dos personas jóvenes se vean todos los días, para ella fuera motivo de una felicidad muy grande, como si nadie se lo hubiera dicho nunca. La recuerdo ahí, desnuda, enfrente de mí, reclinada en la cama, despeinada y sonriendo. Ese momento nunca lo olvidaré...

No, no me pasa nada. ¿Es que no puede uno quedarse callado un momento, **coño**? No, no estoy enfadado, perdona.

Bueno, pues ese día fue importante por muchas razones. Nos **enrollamos** y empezamos a conocernos, pero especialmente hay otra cosa que es lo que te va a interesar más, lo que verdaderamente me descubrió todo lo que pasaría después. Aunque entonces no pude ni imaginarme lo que me esperaba. Las cosas nunca son como deben ser para algunas personas, y ésa es la historia de mi vida. Cada rosa tiene cientos de espinas; ¿por qué no puede ser al revés? **Hay quien nace con estrella y quien nace estrellado**, y yo soy del grupo B. Si no lo tenía claro, ahí lo pude ver.

Como te digo, yo le dije que a partir de ese momento quería verla todos los días. Laura sonrió y me contestó que no podía, que tenía muchas cosas que hacer, que tenía trabajo. A mí eso me sonó a excusa, y temí que todas mis semanas fuesen como la que había pasado; y no estaba dispuesto. Además, cuando uno encuentra a su chica, la suya de verdad, no puede dejarla escapar por una mierda de excusa así.

– ¿Trabajo? ¿En qué trabajas tú? –le pregunté, un poco escéptico.

– Bueno, es difícil de explicar... –vacilaba. Yo noté que algo iba mal porque lentamente, con la mirada abstraída, Laura iba recogiendo las sábanas que estaban desperdigadas encima de la cama y comenzó a taparse las piernas, como sin darse cuenta.– Básicamente ventas... sí. Bueno, tú ya sabes a lo que me dedico.

– Sí, joder, vender droga, ¿no? Bueno, eso se acabó. No quiero tener como novia a una camella. Tienes que dejarlo ya. Cualquier día tienes un problema y acabas en **chirona**. No, gracias. Les dices a tus jefes que te vas de Madrid, que te casas, lo que quieras, pero déjalo.

– Es que... las cosas no son tan fáciles, Pablo. No te puedes ir de los sitios así como así. Especialmente de éste. Ojalá pudiera.

– Mira, no me cuentes **rollos**. Tengo amigos **yonquis** que han estado en la cárcel, camellos, **chaperos**, **sirleros**... Conozco gente de todo tipo. Sé que un pequeño camello como tú no importa nada. Hay mil **tirados** queriendo ocupar tu lugar. Si dices que te vas, a nadie le va a importar. Yo te buscaré algún **curro** por el barrio. ¿Cómo lo ves?

– Tú todo lo ves muy sencillo. Pero las cosas no son tan fáciles. ¿Qué te crees, que me gusta esta vida? ¿No crees que si hubiera podido irme de to-

chirona: cárcel.

rollos: aquí, mentiras.
yonquis: drogadictos, especialmente de drogas duras.
chapero: hombre que practica la prostitución con homosexuales.
sirleros: ladrones que utilizan la sirla, navaja.
tirados: despectivamente, gente a la que no se le concede valor o importancia.
curro: trabajo.

da esta basura no me habría ido? Hace mil años.
Pero no puedo.

Debía de tener frío porque se había ido tapando
con la sábana y ahora estaba completamente tapada,
hasta el cuello, sentada encima de la cama. La verdad
es que no tenía buen aspecto. Pensé que se estaba ma-
reando porque la veía pálida, aunque podía ser por las
primeras luces del día que se asomaban por la ventana. Yo observaba todo, pero estaba enfadado y ofuscado por la situación; el cariz de la discusión no me
gustaba y la ambigüedad de Laura no me ayudaba
precisamente a enfriarme.

– ¿No puedes? ¿Por qué no puedes? –Ella comenzó a tiritar. Entonces, claro, acabé dándome
cuenta de que se estaba poniendo mala.– Laura,
¿te sientes bien? Tienes mala cara. ¿Quieres tomar algo? ¿Te hago el desayuno?

– No, no, no quiero tomar nada... Déjame, por favor, déjame. Tengo frío. Me siento mal. Siempre
es así... Necesito una cosa.

– ¿Qué?

Entonces ella se volvió hacia mí con una cara des-
encajada, como de loca o de enferma, con algo que no
era furia sino desesperación. Yo me quedé congelado
al ver el cambio tan brusco de su cara normalmente
apacible a aquella máscara crispada y espantada.

– ¿Es que todavía no lo comprendes? ¿Necesitas
que te lo diga? ¿No ves cómo estoy, maldita sea?
Bueno, pues aquí tienes la verdad: lo que me pasa a mí es...

PÁRATE UN MOMENTO

1. Ahora ya sabes cuál es el tema de la novela. Comprueba tus respuestas a los ejercicios 4 y 5 de "Antes de empezar a leer". ¿Estabas bien orientado? ¿Cambiarías alguna de ellas ahora? Compara tu contestación con las de tus compañeros.

2. Bueno, la primera parte ha terminado y no sabemos qué le ocurre a Laura. ¿Qué crees que es? Escribe brevemente tu respuesta.

   ....

   ....

   ....

   ....

3. Ahora queda la segunda parte. Volvamos a intentar adivinar el final. ¿Qué crees que pasará? Marca un máximo de dos respuestas que creas posibles.

Final feliz	**a.** Pablo y Laura acaban casados. **b.** A alguno le toca la lotería. **c.** Laura encuentra un buen trabajo. **d.** Hacen un viaje por Europa.
Final desgraciado	**a.** Los dos acaban odiándose. **b.** Uno de los dos muere. **c.** Pablo es despedido y acaba como camello. **d.** Una tercera persona aparece entre los dos.

4. Los protagonistas de esta historia son personas no muy corrientes, ¿o sí? Intenta describir sus caracteres, tal y como te han parecido hasta ahora.

A mí Pablo me parece...

....

....

Laura me parece...

....

....

5. Los personajes que has analizado son representantes de una cierta realidad social. ¿Qué importancia (**M, P, N, NS/NC**) crees que tienen los siguientes factores a la hora de determinar las características de gente como Laura y Pablo? Contrastad vuestros puntos de vista.

Factor	Importancia
- Falta de estudios universitarios.	
- Falta de los padres.	
- Entorno violento.	
- Malas amistades.	
- Sociedad injusta.	
- Defectos personales.	
- Permisividad de los tiempos.	
- Malos ejemplos.	
- Vivir en barrios pobres.	
- Abusos en la niñez.	
- Falta de ideales.	
- Malos hábitos culturales.	
- Otros.	

M: Mucha importancia; **P:** Poca importancia; **N:** Ninguna importancia; **NS/NC:** No sé, no contesto.

6. ¿Qué opinas del tiempo de ocio de Pablo? ¿Se parece al tuyo? Escribe brevemente qué sueles hacer un fin de semana y compáralo con las respuestas de tus compañeros.

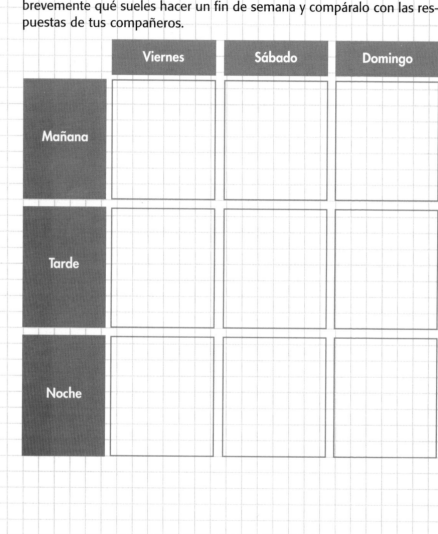

	Viernes	Sábado	Domingo
Mañana			
Tarde			
Noche			

CARA B

cacharros: aparatos, instrumentos; genéricamente, cosa.

¡Joder con estos **cacharros**! ¿Ya llevaba hablando tres cuartos de hora? Y se ha acabado la cinta justo en lo más interesante. Creo que no se ha grabado el final. Bueno, ahora lo repito. Si no te importa, antes de continuar voy a pedir una cerveza. ¿Cuántas llevo? ¿Cuatro? No son muchas. Además, me dijiste que me invitarías a tomar todo lo que quisiera, ¿no? Pues eso. Tú en cambio sólo llevas dos. No aguantas mucho, ¿eh? Bueno, eso es cuestión de práctica. Mientras viene el camarero, voy al servicio. Apaga la grabadora mientras tanto.

Ya estoy aquí. Hemos tenido suerte de coger este sitio al lado de la ventana, ¿verdad? Me gusta ver el parquecito este. Ahora que es casi de noche no hay ya niños, pero por las tardes está lleno. Y eso que lo han dejado fatal. ¿Tú conociste el **mercadillo** que se ponía aquí los sábados por la tarde? Era estupendo. Lo quitaron porque decían que se vendía droga. Muy lógico: se vende droga en un mercadillo, se quita el mercadillo, se acabó el problema, ¿no? Esos del Ayuntamiento no tienen ni idea. Como si el hecho de que se venda droga dependiera de los mercadillos. Tú tienes que venir por

mercadillo: mercado ambulante.

aquí por las noches. Ya verías qué tipo de **fauna** hay. No, no pienso que seas una **paleta**, ya supongo que conoces la noche. Pero es que, de verdad, hay noches y noches. Están las noches de Huertas y las de Moncloa, pero hay otras noches más escondidas, noches sórdidas que nadie quiere conocer, noches de sitios por los que se pasa deprisa, porque no sabes qué va a salirte al paso desde cualquier esquina. Hay noches peligrosas de mujeres arruinadas y de brillos en las manos y miradas perdidas, noches que no te gustaría conocer, porque tú no estás hecha para ellas. Yo las conozco, y mejor que yo las conocía Laura. ¿Comprendes? Yo no soy como tú. A mí es difícil **acojonarme**. Me he peleado con cuatro tipos al mismo tiempo, me han dado palizas, he hecho el loco con la moto, mis amigos no son de la *jet*, me gusta meterme en jaleos... Pero hay sitios por los que no pasaría **ni por dinero**, no tengo ningún problema en decírtelo. Bueno, pues esos sitios que a mí, con mi metro ochenta y mi navaja en el bolsillo **me echan para atrás**, son los mismos donde Laura había pasado su infancia, ¿te das cuenta? El horror continuo, la muerte diaria que acampa en las afueras de la ciudad: basura, droga, violaciones, gritos, borrachos crónicos... Ni la policía entra a gusto en determinados sitios. Bueno, pues allí vivía Laura. Por eso ella era como era, porque estaba en contacto con las cosas que la gente que está cómoda en su sillón no quiere afrontar.

Y con esto vuelvo a la historia. Nos habíamos quedado en mi habitación con Laura transformada en un ser diferente, como si se hubiera vuelto loca o tuviera una fiebre muy alta. Ella me gritó lo que pasaba. En realidad yo ya estaba empezando a sospecharlo. Pero era tan aparentemente increíble y tan chungo que una persona que parecía reunir toda la delicadeza del mundo tuviese encima lo que tenía, que todavía no puedo hacer que las dos caras de Laura formen una sola persona, como era en realidad. Como tú misma puedes sospechar, lo que le pasaba a Laura es que era una yonqui terminal.

caballo: heroína.

jaco: caballo, heroína.

Sí, sí, Dios mío. Drogadicta de **caballo** y de todo lo que se pudiese meter. Pero especialmente **jaco**. Había empezado a los doce o trece años y su cuerpo estaba ya medio podrido por dentro. Por fuera sólo las ojeras y cierto color amarillento que aparecían cuando llevaba tiempo sin **meterse** delataban su situación; pero por dentro estaba muy mal. En realidad ella trabajaba de camello para pagarse la droga que ella misma consumía, ¿comprendes? Por eso no podía dejar su trabajo, porque necesitaba mucho dinero todos los días. Cuando las cosas iban mal y no tenía dinero le daba el **mono**. Eso era lo que le estaba pasando ese día en mi casa. Poco a poco se estaba poniendo mal, necesitaba la droga. Yo nunca me he pinchado. Coca sí, y alguna vez LSD, **éxtasis** y cosas así, y **porros**, claro. Pero yo no podía ayudarla.

meterse: aquí, drogarse.

mono: síndrome de abstinencia, estado de ansiedad cuando falta droga.

éxtasis: nombre de una de las más conocidad drogas sintéticas.

porros: cigarros de hachís, marihuana.

No voy a contarte más cosas de esa noche. Tuve que mantenerla abrazada durante horas hasta que se calmó. Pensaba que ésa era la mayor maldición: encontrar a alguien que te salva de la mierda de cada día y saber mientras la abrazas que **tiene los días contados**. Y una parte de ti con ella.

tiene los días contados: desaparecerá, morirá muy pronto.

desengancharse: dejar la droga.

Sí, sí, por supuesto que pensé que debía ayudarla a **desengancharse**, que debíamos ir a algún centro y todo eso. Pero en mi interior yo no tenía muchas esperanzas. Tengo amigos que han estado enganchados y han acabado como te imaginas. Es muy difícil: en un determinado ambiente todo te empuja a ella y ya no puedes salir; tus amigos, tu barrio, tu familia, tus esperanzas... todo pasa por la droga cuando estás dentro. Laura no podía dejar la droga si no cambiaba de vida, de ciudad... de mundo, de puto planeta. Yo no podía hacer nada. Con mi **curro** en el taller tengo para no morirme y para **caldo** para la moto y poco más. Jamás he ahorrado. Si no tienes pelas para enviar a la niña a una clínica, a Suiza, la niña se te muere. Pero esto es ya cosa sabida, no quiero aburrirte.

Le dije que se mudara conmigo. Quería vigilarla de cerca, sacarla de su círculo... Pero yo apenas tenía dinero para pagar el alquiler, mucho menos para pagarle a ella la metadona o la droga que necesitaba. Ella no aceptó. Pasé los siguientes días pensando en una solución. Por las tardes nos veíamos y pasábamos el tiempo en mi casa, abrazados. Ella merecía otra cosa, algo mejor que la vida que había llevado hasta ese momento. Tú no conoces su barrio. Ya te lo he dicho: es el centro de toda la basura que se barre de esta ciudad, la alfombra debajo de la que se mete todo lo que se ha quitado de la vista. Allí no llega el metro ni los planes del gobierno y les da igual estar en la ONU que en cualquier otro sitio. Es un sitio que nadie quiere mirar; yo tampoco, por supuesto. Pero los que viven allí no sólo tienen que mirarlo, tienen que vivirlo. Cada gran ciudad tiene su cloaca de horror. Lo verdaderamente extraño era que semejante porquería hubiera alumbrado un ser como Laura, una flor que crece entre la

curro: coloquialmente, trabajo.
caldo: en argot, gasolina.

mierda. A ella no le había tocado la putrefacción que existe en ese mundo; pero ya que no había podido pudrirla, por lo menos le había metido dentro la muerte rápida. Ya que no había conseguido que hablara y se moviera como los demás, y que tuviera esa expresión que tienen las personas que no valen la pena, que no tienen nada dentro, ese mundo de porquería necesitaba matarla, matarla, matarla, para que su presencia no fuese un insulto constante. Así que el caballo trabajaba por dentro de Laura, destruyéndola; y ella miraba todo con la seguridad que da saber de qué están hechas algunas cosas y qué va a ser de ti y qué vale la vida si no compras en la tienda tal o si no bebes no sé qué y si no estás **pagando las letras** de algo. Pero a ella no **se le hacía mala sangre**, ¿comprendes?, no tenía resentimiento. Solamente miraba y callaba. Hacía lo que tenía que hacer para seguir viva un poco más, con la pequeña esperanza de que algo pasara, probablemente con algún recuerdo de felicidad que no sé cuál habrá podido ser.

Y en esto llegué yo. Igual que desde el principio yo me había quedado colgado de la **gachí**, a ella le había pasado lo mismo. Es que, en realidad, yo tengo un pie en cada sitio. Conozco lo peor, pero nunca lo he probado; sé lo que hay que saber, en qué sitios no te debes meter y qué mierdas no hay que probar; del resto, todo y **a tope**. Siempre he tenido muy claras algunas cosas. Así que yo tenía un pie en la seguridad, en lo establecido, en el trabajo y la familia, y el otro en el lado oscuro, podríamos decir, en los **tugurios**, con los amigos menos presentables, con la droga y la violencia. Eso me gustaba, y me sigue gustando. Por eso le

pagando las letras: pagando en un banco los plazos de algún préstamo.

se le hacía mala sangre: ponerse nervioso, enfadarse.

y en esto: y mientras eso sucedía.

gachí: en Madrid, chica (del lenguaje caló).

a tope: al máximo.

tugurios: establecimiento (bar, café, pub...) poco recomendable.

gusté a Laura; hablaba su mismo lenguaje, lo conocía, pero yo estaba en un sitio más amable, un sitio que ella envidiaba porque nunca había vivido en él. Cuando le dije que quería verla todos los días, ella fue por primera vez la niña de catorce años que sale con el niño que le gusta, ¿entiendes? Por eso sonrió como sonrió. Ella había estado en la cama con mil **patanes**, había hecho muchas cosas para meterse más y más en la mierda. Pero nunca había paseado de la mano con alguien por un parque. Supongo que todo esto te parecerá estúpido, pero es así. A los dieciocho años había vivido más que una mujer de cincuenta y menos que una niña de quince.

La cosa es que pasamos un mes juntos, y estábamos de puta madre, pero con una especie de tristeza por lo inevitable. Dos o tres días a la semana ella se dedicaba a vender y así podía continuar. Nunca dejó que yo la viera inyectarse, como nunca dejó que fuera a su barrio. Probablemente no quería que me asustase y la dejase; se empeñaba en mostrar sólo lo mejor, con la esperanza de que así yo nunca me iría. Yo no pensaba irme, por supuesto, y tampoco tenía muchas ganas de ver algunas cosas, no soy gilipollas. A mí me salvó de ser un **gilipollas** el *blues*; el *blues* es triste, y cuando comprendes que en la vida estás inevitablemente solo, que es lo que te enseña el *blues*, pues entonces eres menos estúpido, ¿no crees? Tienes un sentimiento de que tarde o temprano lo peor va a ocurrir, –"fatalismo", me decía Liberto–. Así que yo no quería hacer nada para acelerar o provocar lo que pasaría, suponía yo, antes o después.

¿Liberto? Ah, bueno, Liberto es un tío curiosísimo.

patanes: toscos, zafios.

gilipollas: estúpido.

chiflado: loco.

Ballesta: calle de Madrid donde abunda la prostitución.

bocata: bocadillo.

guapas: aquí, interesantes.

—"Tratadista multiteorético y politólogo político-social", dice el tío—. Es un viejo un poco **chiflado** que es fácil encontrar por las noches en la zona de **Ballesta**. Verás: "el filósofo Liberto" era profesor, pero a raíz de ciertos problemas que no conozco ni quiero conocer (aunque creo que le dejó la mujer), abandonó todo y se dedica a vagabundear por ahí. Algunas veces, en un bar, se sube a una silla y suelta un discurso sobre algo, sobre la vida o sobre la doctrina del filósofo Tal o Cual. La gente, claro, se queda alucinada. Normalmente le pagan algo, un **bocata** o algo así, y así va viviendo. Raro, ¿verdad? Conmigo puedes aprender muchas cosas. Ya te he dicho que por ahí hay una fauna muy curiosa. Con Liberto tengo algunas veces unas charlas muy **guapas**.

Bueno, volviendo a la historia, la verdad es que hasta nos divertíamos. Llegó el buen tiempo y a veces íbamos al Parque de Atracciones o pasábamos las noches en el Parque del Oeste o nos emborrachábamos por ahí. Alguna vez cogíamos mi moto y nos perdíamos por algún pueblo, sin saber adónde íbamos. Dejé de ir tanto con los colegas. Me parecía que ella estaba casi feliz; incluso algunas veces se reía, con una risa fresca y sincera que me tocaba aquí... pero eran pocas veces. Otras, cada vez más frecuentes, yo veía que su salud empeoraba, sus monos eran peores y su sufrimiento era cada día mayor. Poco a poco, empezó a afectarme a mí mismo; estaba ansioso, dolido de que todo tuviera que ser así, furioso de ver a tanto hijo puta con buena salud y a ella morirse delante de mis narices. Si normalmente soy violento, entonces lo estaba más. Ella, naturalmente, lo notaba. Pero ahora sé que lo único que le interesaba entonces era apurar los buenos momentos, disfrutar de lo que no había disfrutado. Por eso no decía nada de todas las cosas malas que le pasaban a ella y a mí, aunque se daba cuenta de todo. En realidad, los dos jugábamos al mismo juego, a disfrutar del otro y a fingir ser felices aunque por dentro estuviéramos destrozados. Unos días la cosa funcionaba y otros no. Pero yo me empeñaba en regalarle a Laura los mejores momentos que hubiera tenido, ¿comprendes?

Un día de principios de junio, cuando todavía no había llegado ese calor tan destructivo de Madrid, ella no acudió a la cita. Recuerdo que era viernes; habíamos quedado en la salida del metro de Moncloa y yo estaba apoyado en la moto –sin casco, por supuesto– pensando que dentro de poco haría demasiado calor para llevar la chupa. Veía pasar a las **chorbitas** tan guapas –porque mira que os ponéis guapas en verano, ¿eh?, así sin mangas y frescas– y estaba contento, con mi cigarrito y mi **pinta** de James Dean moreno. ¿Que qué más quisiera que parecerme a James Dean? Tú, que tienes poco gusto. Además, lo de menos es si te pareces de verdad a James Dean o no. Lo importante es que te sientas como él, ¿comprendes? Está claro: si cuando te duchas y te vistes no te parece que **te vas a comer el mundo**, mejor no salgas de casa. Creerte James Dean no te convierte en James Dean, pero no creerte James Dean te convierte en una miseria humana, en menos que nada. Y quien dice James Dean dice Jim Morrison o Elvis. Identificarte con alguien no te va a salvar; pero no identificarte con nadie te va a condenar. Que lo sepas.

La cosa es que pasó el rato y Laura no venía. Yo,

chorba: chica.

pinta: aspecto, apariencia.

te vas a comer el mundo: vas a conseguir todo lo que quieres porque eres el mejor.

claro, empecé a cabrearme primero y a preocuparme después. Pensaba que podía haber tenido un problema con otros camellos o que se podía haber metido mierda en mal estado y que podía estar tirada en cualquier sitio sin que yo pudiera ayudarla. Cada vez estaba peor. Pasó una hora, luego una hora y media y yo no podía más. ¿Qué debía hacer? ¿Irme a casa? ¿Buscarla? ¿Quedarme allí hasta que apareciera, si es que aparecía? Decidí que lo mejor sería volverme a casa y esperar su llamada.

Por el camino, en la moto, lo más rápido que podía, **le daba vueltas al coco**, torturándome con lo que habría podido pasar. Recuerdo que me saltaba semáforos en rojo y sorteaba los coches. No veía el momento de llegar. Oí pitos a mi alrededor y gritos de los automovilistas e incluso el silbato de algún **municipal**; pero a mí me daba igual. Sólo intentaba conseguir la máxima velocidad posible y llegar a mi casa. Le susurraba a mi **burra** "rápido, rápido", pensando cada momento que el teléfono estaría sonando en mi habitación y yo todavía en Plaza de España.

Al fin llegué. Sin poner siquiera la **pitón**, dejé la moto en la acera y subí las cuatro escaleras hasta mi casa de un solo salto. Estaba como si me hubiese peleado con cinco *mods*: sudoroso, jadeante, despeinado... La casa estaba en silencio. No sé por qué, me había imaginado que el teléfono estaría sonando cuando llegara y que se apagaría cuando fuese a cogerlo. Nada. **Andé** como un zombi por toda la casa (lo poco que se puede andar) mientras acostumbraba los ojos a la penumbra. Nadie. Me senté en el sillón sin saber qué hacer. Quizá no pase nada grave, me decía; pero

coco: cabeza.
dar vueltas al coco: pensar insistentemente, preocuparse.

municipal: policía local encargado del tráfico.

burra: en argot, moto.

pitón: cadena de seguridad para las motos.

mods: tribu urbana, tradicional enemiga de los roqueros.

andé: forma vulgar del pretérito indefinido "anduve", muy extendida en su uso.

filfa: mentira.

hecho: aquí, acostumbrado.

era **filfa**: yo sabía que estaba pasando algo malo.

Entonces, desde el sillón, ya **hecho** a la luz, me doy cuenta de que en el suelo, delante de la puerta de entrada, hay un papel, un folio doblado en dos. Me levanto de un salto, lo cojo y me encuentro con una carta; nunca había visto la letra insegura, infantil, de Laura, pero supe que era de ella desde el primer momento. Ya, joder, ya voy; me he quedado sin tabaco, y si no fumo en este mismo momento no te lo podré contar. Voy a pedir un cigarro; espera.

¡Buf! Si no fumo, me muero. Joder, yo no debería hablar de esto. Estoy muy arrepentido de haber dejado que me convencieras para contártelo todo. A los lectores de tu periódico no les interesa esta historia; pasó hace mucho tiempo y nadie había vuelto a mover el tema. Sí, sí, ya sé que te lo prometí, y lo voy a cumplir, no te

mosquear: aquí, enfadar, molestar.

a lo que iba: expresión utilizada para volver al tema del que se estaba hablando.

mosquees. Pero todo esto no me hace ningún bien.

Bueno, **a lo que iba**. La carta me decía que ella se sentía cada día peor, que sus monos eran más frecuentes y el consuelo de la droga menos efectivo; que notaba que se estaba muriendo y que desde ese momento en adelante todo sería un infierno. La noche anterior la había pasado fatal, con los escalofríos que le daban normalmente cuando se ponía mal, en vela y pensando qué podría hacer. Al final había decidido que no nos viéramos más. No quería que acabara odiándola por su espantoso final, no quería acabar siendo para mí una carga molesta, una enferma que sólo trae problemas y aspectos desagradables. Me daba las gracias por el tiempo tan feliz que le había regalado y terminaba diciendo que me quería.

¿Qué podía hacer contra eso? No lo esperaba en ab-

machacando: aquí, golpeando sistemáticamente.

ajo y agua: expresión de resignación; viene de "a joderse y a aguantarse".

jugarse los cuartos: "tratar", "tener relación", en contextos de enfrentamiento.

nasti, monasti: expresión madrileña: "nada de eso".

volví un poco en mí: aquí "recuperé el dominio de mí mismo".

soluto. En mi interior ya tenía presente el inevitable final, pero no era éste; no sé, pensaba ser la persona que le sujetara la mano en el último momento, suponía que estaríamos juntos hasta el final. Ahora el final llegaba antes de lo esperado, como el K. O. de Hagler en el último asalto ante Julio César Chávez: lo había estado **machacando** durante todo el combate, y cuando faltaban segundos para el final, Chávez conectó un único golpe que dio con Marvin "Maravilla" Hagler en la lona. ¿Comprendes? Todo el mundo esperaba un final, no podía haber otro; y en el último momento, el final se escamoteaba y surgía algo que arrebataba lo lógico, algo que dejó a todo el mundo tan fuera de combate como a Hagler. Pues algo así me había pasado a mí. No esperaba esa especie de regate del destino, si quieres llamarlo así. De hecho, no podía aceptarlo. De acuerdo, no podría hacer nada contra la muerte, tendría que soportarlo lo mejor que pudiera, ya sabes, "**ajo y agua**"; pero no iba a tragarme otro fin que ése; esa nena no sabía todavía con quién **se jugaba los cuartos**. ¿Dejarme a mí? ¿Viviendo ella? **Nasti, monasti.** Le obligaría a aceptar mi presencia quisiera o no.

Yo ahora te lo cuento muy chulito, pero en su momento me dejó bastante hecho polvo. Recuerdo que cuando **volví un poco en mí**, estaba sentado en el sillón, con la mirada perdida y con la carta hecha pedazos en el suelo. Decidí buscarla. Pero, ¿cómo? Jamás había ido a su barrio, no digamos a su casa; Laura no tenía teléfono, no conocía a ningún amigo suyo... ¿Cómo podría encontrarla? Ante todo, otra cerveza, llevo mucho tiempo sin beber.

Llamé por teléfono a mis colegas y les puse más o

jaleo: ruido, alboroto; aquí, problemas, pelea.

batida: aquí, búsqueda de alguien efectuada por muchas personas.

fotomatón: cabinas automáticas para hacer fotos de carné.

menos al corriente de todo. Ahí es donde se nota cuándo alguien es un colega y cuándo no: pocas preguntas y pocos cachondeos. Necesitaba ayuda para buscar a una tía; con cualquier otro las burlas habrían sido crueles. Pero ahora se notaba que era algo serio y que posiblemente habría **jaleo**. No falló ni uno; ni siquiera me tuvieron en cuenta que no les había visto mucho en los últimos tiempos. Les dije que al día siguiente, sábado, necesitaría el mayor número de gente posible para dar una **batida** por Entrevías. A las diez de la mañana siguiente tenía delante de casa a doce o trece colegas con sus motos, Juanma el primero.

Unas breves instrucciones bastaron. Les dije que andaba buscando a una chica y les enseñé unas fotos de **fotomatón** que nos habíamos hecho un día, para que la reconocieran. Les dije dónde deberíamos buscar y les insistí en que podía ser peligroso; por un lado, era verdad y así andaban con cuidado, pero por otro mencionar el peligro era una especie de acicate, de motivación; ya sabes que les gusta la bronca. Supongo que el hecho de participar en una búsqueda tan misteriosa les encantaba: tenía algo de aire de película, de aventura de cine; ya sabes, los amigos del bueno ayudándole a buscar a la chica. Pero la realidad para mí era, como es siempre, bastante distinta. Contado puede parecer una escena de *Easy Rider* o *La ley de la calle*, tantos motoristas embarcados en una busca sentimental. Vivido por mí no tenía la esperanza en ese final feliz que siempre crea el cine, que es casi una certidumbre. Yo sabía que tarde o temprano acabaríamos mal.

Sí, te voy a resumir la historia. Ya supongo que a los lectores de tu periódico no les interesan mis sentimientos, sino la historia en sí; muchas gracias por recordármelo. Además, tendría gracia que se acabara la cinta también ahora, ¿verdad? Tendrías un problema. Voy a tomar la última cerveza; son ya las diez y media y mañana tenemos que trabajar.

El sábado recorrimos en grupos de dos o tres los barrios más terribles de Madrid. Nos metíamos por descampados llenos de yonquis **chutándose, armando gresca** con las motos. Después lo comentamos todos: nos sentíamos como intrusos, habitantes del centro de la ciudad, frente a la mayor miseria del extrarradio, de los **suburbios**. Nosotros podíamos ser peligrosos, no nos asustaba nada, estábamos acostumbrados a pelear y nos gustaba; pero no estábamos desesperados, ¿entiendes? Las miradas vacías y como hambrientas de esa gente flaca y sucia que **pululaba** por ahí daba más miedo que una tribu de piojosos punquis armados hasta los dientes.

No la encontramos. Gastamos gasolina inútilmente y puedes estar segura que recorrimos todos los sitios humanamente posibles. Nada. Al caer la tarde acabamos en Moncloa y en la zona de **Malasaña**, divididos en dos grandes grupos, y tampoco lo conseguimos. A las doce de la noche, tomando una hamburguesa y unas cervezas, sentí que acababa de perder la última oportunidad de verla, que nunca podría escuchar su voz seria como un verso de Dylan. Laura había cerrado la puerta al marcharse y había borrado sus pistas; yo no tenía ninguna orientación ni posibilidad de encontrarla en esta ciudad de tres millones de **jodidos** habitantes. Agradecí entonces el entrenamiento de toda una vida de no demostrar sentimientos, de permane-

chutarse: inyectarse droga.

armar gresca: hacer ruido, organizar un jaleo, un escándalo.

suburbios: barrios pobres del exterior de las ciudades.

pululaba: caminaba sin destino fijo.

Malasaña: zona popular de bares en Madrid.

jodidos: forma de adjetivación que muestra de manera vulgar el enfado de alguien contra algo.

cer impasible ante las desgracias; te puedo jurar que cualquier otro que hubiera estado en la misma situación se habría puesto a llorar.

Yo tenía suerte, porque tenía trabajo. El lunes, después de un domingo asqueroso de darle vueltas a la cabeza, agradecí tener algo que hacer. Esa temporada **me volqué** en el taller. Sumergía la cabeza en los motores y me sorprendía que la hora de cierre llegara tan pronto. Logré no pensar mucho. Sólo levantaba la cabeza para comer en el bar con los compañeros un **plato combinado** y comentar dos frases del fútbol o de cualquier otra cosa. Después del trabajo me iba a casa a duchar y me tumbaba a ver la televisón o me iba al bar a jugar unos **futbolines** o me subía a la moto para dar una vuelta.

Pasaron los meses. Los amigos me decían que no era ya el mismo, que me había **encoñado** demasiado. Me buscaron algunas **guayabitas** para que olvidara a Laura; –"**un clavo saca otro clavo**", decían.– Pero a mí me parecían vulgares; no pienses mal: me enrollé con ellas, por supuesto, pero luego no me apetecía verlas más. Hacía lo que había hecho hasta entonces, pero ya no tenía para mí ningún aliciente; salía porque no tenía otra cosa que hacer. Alguna vez me ponía violento y le **sacudía** a alguno sin ningún motivo.

Como te digo, pasaron los meses. En verano me fui a la playa a ponerme moreno con unos amigos. Volví y reinicié la vida de siempre. En Navidad me fui con la familia al pueblo... No importa qué pueblo. Trabajo, borracheras, alguna vez al cine, bar, broncas, trabajo, borracheras... Una especie de rueda sin futuro. Pero ¿qué iba a hacer? ¿Suicidarme? Tampoco tenía moti-

volcarse: dedicarse intensamente a algo, poner lo mejor de uno mismo.

plato combinado: plato formado por varios alimentos.

futbolín: juego de bar simulando el fútbol sobre una especie de mesa con muñecos.

encoñado: expresión vulgar referida al que está ofuscado por la relación con una mujer y no atiende a nada más.

guayabitas: chicas guapas.

"un clavo saca otro clavo": refrán: un problema desaparece cuando hay otro tan importante como el primero.

sacudir: aquí, golpear.

vos. Estaba como había estado antes de conocer a Laura; incluso algo mejor, porque el encargado del taller se jubiló y me dieron a mí su puesto, encantados con la dedicación que estaba teniendo. Como me pagaron más me compré un vídeo. Así que no podía quejarme; pero me quejaba, claro, porque había aparecido aquella maldita siniestra, a la que ni siquiera le gustaba la misma música que a mí. ¿Te creerás que hasta le gustaban Depeche Mode? Increíble que yo pudiera haber estado con ella, ¿no?

San Bernardo: calle de Madrid.

cubata: cuba libre (coca cola y ron o ginebra).

ganado: conjunto de vacas, cabras, ovejas o cerdos, de un mismo propietario. Aquí, gente por extensión.

Un día, en abril, quedé con los colegas, como siempre, para empezar el fin de semana en un sitio de **San Bernardo** y luego bajamos hacia Moncloa. Había llovido y hacía frío. Eran las nueve o así cuando llegamos al Cadillac. Lo de siempre. Pedí un **cubata** y estuve un rato en la barra mirando el **ganado**, perdona, las chicas. Al cabo de media hora me dirigí al servicio a mear. Para entrar en los servicios del Cadillac tienes que abrir una puerta que abre paso a una especie de recibidor donde hay dos puertas, una para los hombres y otra para las mujeres. Bueno, pues entro en ese distribuidor y me encuentro a un chico poniendo un billete de dinero en la mano de una chica. Seguí la mano de la chica, su brazo, y me encontré con la cara de Laura que, sorprendida por mi imprevista entrada había girado la cabeza. El tío rápidamente se metió un pequeño paquete en el bolsillo y salió hacia la pista, pasando por mi lado.

Laura y yo nos quedamos frente a frente, mirándonos sin hablar, con la seriedad de una mañana de ejecución. ¿Que qué sentí? ¿Qué sentí...? Sentí una argolla en mi cuello y un terrible peso que me arrastraba hacia abajo, como si un nuevo destino me arrebatase y me empujase hacia el fondo del mar. No, no sentí alegría; sentí alivio, una especie de lucidez, como cuando estás borracho y de repente todo está más claro y adquieres una calma y una penetración acojonante. En ese momento supe todo lo que pasaría después, y Laura también lo estaba sabiendo. Por eso estábamos serios pero aliviados, yo porque podía coger con mis manos el destino que quería, y ella porque ya no estaría más sola para afrontar lo que tenía que venir, la apertura de un mundo continuamente peor.

Estaba más delgada. Estaba más pálida y con más ojeras. Estaba más enferma. Estaba preciosa. Se había ido quedando transparente y con los ojos grandes y desesperados, ahora con una sombra de miedo constante. Por supuesto, seguía vendiendo droga y seguía consumiéndola y seguía muriéndose. Había intentado que yo no viera sus últimos momentos y, meses después, habíamos acabado coincidiendo en el lugar donde nos vimos la primera vez. Una vez Liberto, ya te he hablado de él, me dijo que en el fondo ella había querido recuperarme y por eso había vuelto a ese sitio, porque cuando te llega la hora es mejor que alguien sujete tu mano antes de que partas por un río de sombras, donde sólo se debe sentir miedo.

No necesitamos hablarnos mucho. Me acerqué a ella y sólo le dije que no intentara escaparse porque ya no la iba a dejar marcharse. Ella no dijo nada, me abrazó; me abrazó muy fuerte, como se agarra la lana a los árboles. Cuando se separó tenía los ojos húmedos. Yo casi.

Lo que queda es poco. Es el resto de su pobre vida.

Se vino a vivir definitivamente a mi casa. Su situación era completamente lamentable. Su cuerpo tan precioso era una ruina, pero a mí me gustaba todavía más; en mis manos era de una fragilidad que reclamaba una delicadeza que yo no estaba muy preparado para desplegar. Pero lo intenté. Yo pedí al jefe un permiso indefinido y el hombre me lo concedió, a pesar de que había mucho trabajo en el taller; qué coño, yo le había servido siempre bien y sólo con ver mi cara se podía saber que era algo serio. Pasábamos el día en la habitación, muchas veces sin hablar. ¿Qué había que decir? ¿Lo mal que lo habíamos pasado el uno sin el otro? Bah, debilidades y **memeces**. ¿No se podía ver claramente, sin necesidad de hablar? ¿Para qué darse golpes de pecho? Sabíamos lo que había que saber, no era necesario más.

Yo le acariciaba el pelo, su pelo castaño y le contaba cosas del taller, del fútbol o repetía las opiniones políticas de Alfredo, uno del taller que es de la **C.N.T.** Ella atendía, a veces divertida y me pasaba su manita por mi antebrazo, como una niña acariciando a un oso. Una o dos veces al día le sacudían unos temblores y unas convulsiones que la dejaban agotada y vacía, con los ojos perdidos, probablemente en las regiones donde alguien la esperaba.

Apenas habían pasado unos veinte días desde que la recuperé, unos días felices y espantosos. Como antes, dos veces a la semana ella pasaba mercancía en Moncloa y en Malasaña. Ahora yo la acompañaba, por si le ocurría algo, porque estaba tan débil que apenas podía mantenerse en pie y podía ser presa fácil de algún **caco**. Una tarde estábamos en una esquina y tres chicos con pinta de pijos se acercaron a Laura y le

memeces: tonterías.

C.N.T.: Confederación Nacional del Trabajo, sindicato anarquista.

caco: ladrón.

pasarse: aquí, pro-pasarse, hacer algo violento o agresivo.

puño americano: instrumento de hierro con cuatro agujeros para meter los dedos y que sirve para aumentar la fuerza de los puñetazos.

pasma: policía.

tronco: tipo, individuo, hombre.

mis partes: genitales.

dijeron que necesitaban un par de gramos de coca. Yo estaba en la esquina de enfrente, vigilando, y no vi nada anormal. Si alguno intentaba **pasarse** con ella, en dos zancadas yo cruzaba la calle con mi **puño americano** y mi cadena dispuesto a solucionarlo.

En esas estábamos, yo sentado sobre la moto, con mis gafas de sol, tan tranquilamente, cuando veo que uno de los tíos enseña a Laura algo y ella palidece; entre dos de los tipos me dirige una mirada asustada, terriblemente asustada, como si estuviera a punto de llorar. Todo lo recuerdo como a cámara lenta. Me doy cuenta de que hay problemas y apenas sin pensarlo pongo el pie en el suelo para ir a por ellos. En ese momento Laura chilló, me gritó que me fuese, pero yo ni por sueños pensé en hacerle caso. Me acababa de poner de pie y alguien por detrás se me echó encima y me hizo estrellarme sobre un coche que estaba aparcado. Un bonito golpe, te lo puedo jurar. Con todo el pecho dolorido me intento dar la vuelta para ver con quién tenía que vérmelas y me encuentro abrazado a una especie de paquidermo que me pone la mano en el cuello mientras otro compañero suyo me pone delante de las narices un carné de la **pasma**.

– Tranquilo, nene, procura no moverte mucho –me dice el cabrón.

Como si hablase en chino, claro. Al **tronco** que me tenía sujeto le di un codazo en la oreja que lo dejé tambaleando para el resto del día. Mientras me incorporaba buscaba en el bolsillo de la cazadora el puño americano para darle al otro, pero no me dio tiempo. Me arreó una patada en **mis partes** que me dejó sin aliento. Hinqué la rodilla en tierra y noté que me po-

— Muévete, hombre, alégrame el día. Hoy todavía no me he cargado a ningún ma-
-arrilla. —Se creía Harry el Sucio.

pipa: pistola.

cargarse: aquí, matar.

bofia: policía.
lechera: furgoneta de la policía.
tenía cojones: aquí, expresión de disgusto (vulgar).

los bajos fondos: el mundo de la delincuencia.

trena: cárcel.

nían una **pipa** en la oreja y me decía el pasma aquel

– Muévete, hombre, alégrame el día. Hoy todavía no me he **cargado** a ningún macarrilla. –Se creía Harry el Sucio.

Ya estaba todo perdido. Miré hacia la acera de en frente y vi cómo a Laura la cogían de los brazos los otros tipos de la **bofia** y cómo llegaba una **lechera** pa ra llevarnos a los dos. **Tenía cojones** la cosa, ¿no? Era lo peor que podía pasarnos, y nos pasó. Entre el de la pipa y el otro me sujetaron las manos a la espalda y me empujaron hacia la lechera, donde ya habían me tido a Laura. Dentro había un par de camellos más profesionales de **los bajos fondos** que nos veían con una especie de sentimiento de superioridad; una chica demasiado pequeña y fina y un roquero demasiado limpio, supongo que pensarían. No teníamos el aspec to de los predestinados a la **trena**, de los que son car ne de presidio.

Laura respiraba con dificultad, debido a la impre sión y a su debilidad; yo estaba encogido todavía, con mis partes aún doloridas. Noté su mano sobre mi nu ca y su suave voz preguntándome si estaba bien. Yo le vanté la cabeza y sonreí.

– Hombre, hoy me he levantado con un poco de ardor de estómago.

Ella sonrió también, aunque la sonrisa se le murió pronto en los labios. Se recostó en la pared de la fur goneta, cerró los ojos y murmuró:

– Mal sitio para acabar todo, Pablo.

Cada pelo de mi cuerpo se erizó como si me hu

bieran pasado la mano de hielo de un muerto antiguo. No quise mirarla.

— No te preocupes. Sólo somos **pringaos de poca monta**. Pasaremos la noche en el **trullo** y mañana te invitaré a un café con churros para desayunar.

— Yo no llego a mañana, mi vida... Ojalá todo hubiese sido como tendría que haber sido. Y ojalá te hubiera conocido antes.

Entonces ya lo supe. Nunca me había dicho "mi vida" ni **chorradas** de ésas. Y esas frases tan sencillas eran como un epitafio, como una última queja sin gritos ni vulgaridades hacia este mundo de mierda. Yo sí puedo decirlo, las vulgaridades son lo mío. Todo debió haber sido diferente. Todo diferente. No pedíamos mucho, sólo nuestro pequeño rincón, apenas un puto nido donde darnos calor, un pequeño trabajo... Nada. ¿A quién jodíamos? ¿Qué hizo ella para tener encima lo que tenía? Es muy fácil para ti y para los que son como tú decir que se lo merecía y que no se debía haber chutado. A lo mejor es verdad, no sé discutirlo... Pero era un injusticia, era una cochina y desproporcionada injusticia.

Allí mismo se murió. Por lo menos logré pasarle un brazo por los hombros y sostenerle la mano en ese último momento. Al fin y al cabo, recordé que unos meses antes eso era todo lo que pedía. No, no, claro que no lloré, ¿para qué? Sabía que tarde o temprano llegaría el momento y no esperaba violines ni frases de película. Simplemente se murió, sin dejar largos discursos. Lo que ella sentía, yo siempre lo supe, no necesitó palabras ni miradas tiernas. Aquel "mi vida" fue lo más romántico que nunca nos dijimos; y fue como una señal.

Anda, toma, sécate, no quisiera ponerme sentimen tal. Tus lectores no te agradecerán que te conmuevas Además, lo que vino después es mucho más sórdido que todas las drogas del mundo. Cuando la poli abrió la lechera, se encontró a Laura muerta en mis brazos **se cagaron patas abajo**. No les importaba un huevo que se hubiera muerto, por supuesto. Les importaba lo que vino después: los titulares de los periódicos. "Muere una drogadicta en manos de la policía", "Misteriosa muerte de una chica en un furgón policial", "Investigan la posible existencia de malos tratos", etcétera, etcétera. Una auténtica y monumental basura. No voy a predicar sobre moral, está claro, pero todo eso a mí me parecía increíblemente asqueroso.

Permanecí con ella en los brazos un buen rato. Nadie sabía qué hacer. Yo oía los comentarios como se oye la televisión cuando estás cocinando, como algo ajeno y lejano. Vino un doctor y en un vistazo dijo que estaba muerta; una **lumbrera**. Un periodista de sucesos deambulaba por ahí. Para qué contarte más. En resumidas cuentas, el asunto llegó hasta las altas esferas, el parlamento o no sé donde, con todos los políticos insinuando cosas que eran mentira. Ella murió allí como podía haber muerto en cualquier otra parte. Un montón de hipocresía y manipulación inundó el hecho; el maldito mundo que había restregado a la pobre Laura se ensañaba con su cadaver, tirándola como un trapo de aquí para allá. Ni muerta consiguió la paz. Irónicamente, incluso yo me beneficié, porque la poli apenas me **fichó** ni hubo juicio ni nada. Debieron de pensar que era mejor no remover mucho el asunto.

En realidad todo esto te afecta a ti también. ¿Para

el dominical: suplemento, generalmente a color, de algunos periódicos que sale los domingos.

papel cuché: papel especial para revistas con fotografías en color.

loro: radio, equipo de música.

qué si no has venido? El hecho de que estéis preparando un reportaje en el **dominical** de tu periódico sobre las víctimas de las drogas ha sido la única razón de que ahora, años después, quieras aclarar definitivamente el asunto. ¿Te das cuenta? Tú también haces el papel de buitre, buscando entre la carroña algo más que llevarte al pico. Este es el caso. Creo que quedará muy bonito en **papel cuché**, con unas fotografías en blanco y negro, intensas, sobre el lado oscuro de la vida, ¿no crees? Puede que acabes con fama de tener conciencia social y todo.

No, no estoy enfadado contigo, perdona. En realidad, todos tenemos un papel jodidamente confuso en este mundo tan complicado. Te he dado lo que me has pedido, y ya está. Yo aprendí algunas cosas. Aprendí que cualquier idiota puede conseguir a una mujer, pero sólo un hombre de verdad puede mantenerla. También aprendí algo sobre música. A veces ahora pongo en el **loro** sus cintas de The Cure y encuentro que están muy bien. Son tenebrosas y tiernas, como era ella, con un poco de niño pequeño y un poco de monstruo terrible. Al viejo John Lee Hooker no le importa hacerles un hueco; él también es negro y su voz viene de muchos siglos. Creo que le gusta una música tan triste.

****

Gracias a:
Los Secretos
Ray Loriga
Joaquín Sabina

EXPLOTACIÓN DIDÁCTICA
EJERCICIOS PARA EL ALUMNO

Lecturas de Español es una colección de historias breves especialmente pensadas para los estudiantes de español como lengua extranjera. Los cuentos han sido escritos, teniendo en cuenta, básica pero no únicamente, una progresión gramático-funcional secuenciada en seis etapas, de las cuales las dos primeras corresponderían a un nivel inicial de aprendizaje, las dos segundas a un nivel intermedio, y las dos últimas al nivel superior. Como resultado de la mencionada secuenciación, el estudiante puede tener contacto con textos escritos "complejos" ya desde los primeros momentos del aprendizaje y puede hacer un seguimiento más puntual de sus progresos.

Las aportaciones didácticas de **Lecturas de Español** son fundamentalmente dos:

- notas léxicas y culturales al margen, que permiten al alumno acceder, de forma inmediata, a la información necesaria para una comprensión más exacta del texto.

- explotaciones didácticas amplias y variadas que no se limiten a un aprovechamiento meramente instrumental del texto, sino que vayan más allá de los clásicos ejercicios de "comprensión lectora", y que permitan ejercitar tanto otras destrezas como también cuestiones puntuales de gramática y léxico. El tipo de ejercicios que aparecen en las explotaciones permite asimismo llevar este material al aula ampliando, de esa manera, el número de materiales complementarios que el profesor puede incorporar a a sus clases.

Con respecto a los autores, hemos querido contar con narradores capaces de elaborar historias atractivas, pero que además sean –condición casi indispensable– expertos profesores de E/LE, para que estén más sensibilizados con el tipo de problemas con que se enfrenta un estudiante de español como lengua extranjera.

Las narraciones, que no se inscriben dentro de un mismo "género literario", nunca **son** adaptaciones de obras, sino **originales** creados *ex profeso* para el fin que persiguen, y en ellas se ha intentado conjugar tanto amenidad como valor didáctico, todo ello teniendo siempre presente al lector, una persona joven o adulta con intereses variados.

PRIMERA PARTE
Comprensión lectora

1. **Responde verdadero o falso a las siguientes preguntas sobre el texto.**

a. Pablo es un sentimental. □ V / F □

b. La música que le gusta a Pablo es americana y la que le gusta a Laura es inglesa. □ V / F □

c. Pablo odia las drogas. □ V / F □

d. El barrio de Pablo está a las afueras de Madrid. □ V / F □

e. Al padre de Laura lo mató la policía. □ V / F □

f. En la primera cita Pablo y Laura empiezan su relación y van a casa de Pablo. □ V / F □

g. Pablo es seguidor del Atlético de Madrid. □ V / F □

h. Mientras cuenta la historia Pablo se bebe siete cervezas. □ V / F □

i. No conocemos el nombre de la periodista que habla con Pablo, pero le está entrevistando en una cafetería. □ V / F □

j. Pablo intenta desenganchar a Laura de la heroína. □ V / F □

k. Cuando Pablo llega a su casa el día que falta Laura, el teléfono está sonando y deja de hacerlo cuando él lo coge. □ V / F □

l. Cuando se vuelven a encontrar, Laura está vendiendo droga en el mismo sitio donde se conocieron. □ V / F □

| **m.** Al ser detenido, Pablo le pega una patada a un policía.   ☐ V / F ☐ |
| **n.** La muerte de Laura se mantuvo en secreto.   ☐ V / F ☐ |

2. Sólo una de las tres opciones corresponde en cada caso a lo que se expresa en el texto. Señálala.

1. Pablo y sus amigos solían divertirse

☐ **a.** tomando café en una terraza.
☐ **b.** yendo al cine.
☐ **c.** bebiendo y bailando en tugurios.

2. Los gustos musicales de Pablo y Laura son

☐ **a.** los mismos.
☐ **b.** diferentes: a él le gusta el blues y a ella el pop siniestro.
☐ **c.** similares; no se habla mucho de ello.

3. Pablo piensa que la vida

☐ **a.** es un fraude.
☐ **b.** siempre te da una oportunidad.
☐ **c.** es para trabajar.

4. La primera vez que Laura sonrió fue cuando Pablo

☐ **a.** le dijo que ella era su chica.
☐ **b.** le preguntó si su madre sabía a lo que se dedicaba.
☐ **c.** la besó.

5. Pablo piensa sobre las drogas que

☐ **a.** hay que acabar con ellas.
☐ **b.** cada uno se mata como quiere.
☐ **c.** el gobierno hace lo que puede.

6. La conversación de Pablo con la periodista transcurre

☐ **a.** por teléfono.

☐ **b.** en un bar del centro.

☐ **c.** en casa de él.

7. Tras la desaparición de Laura y durante unos meses, Pablo

☐ **a.** tiene relaciones superficiales con otras chicas.

☐ **b.** no quiere estar con ninguna otra.

☐ **c.** lo intenta con otras mujeres.

8. Desde el reencuentro hasta la detención de Pablo y Laura pasan

☐ **a.** varios meses.

☐ **b.** un año.

☐ **c.** veinte días.

9. La noticia de la muerte de Laura en la furgoneta de la policía

☐ **a.** fue silenciada por el gobierno.

☐ **b.** motivó una ruidosa polémica.

☐ **c.** no interesó a nadie.

10. El texto que has leído es

☐ **a.** un reportaje para un periódico.

☐ **b.** la novela que escribe la periodista.

☐ **c.** la transcripción de una cinta magnetofónica.

SEGUNDA PARTE
Gramática y notas

3. Dispón en dos columnas las siguientes expresiones y palabras que se encuentran en el texto, según se refieran a aspectos positivos o negativos.

Gilipollas – a tope – paleto – acojonar – mosquear – guayabita – pasarse – pringado – acojonante – ñoñería – de puta madre – cojonudo – chorrada – pardillo – cabrearse – cuchitril – lumbrera – chungo – cachondo – coñazo – cabrear – chulo.

Positivo	Negativo

4.1. A continuación aparecen alguna de las palabras coloquiales o de argot que has visto en el texto. ¿Podrías marcar cuáles de ellas tienen relación con el mundo de la droga?

☐largar   ☐macarra   ☐pimplar   ☐camello
☐caballo   ☐flechazo   ☐mini   ☐rapero
☐chutarse   ☐caldo   ☐porro   ☐tugurio

4.2. **Las palabras de la lista anterior que no están relacionadas con las drogas tienen uno de los significados que figuran a continuación. Escribe tras la definición la palabra correspondiente.**

a. Bar o establecimiento poco elegante. ....

b. Hablar mucho. ....

c. Gasolina o gasóleo para la moto o el coche. ....

d. Persona de apariencia peligrosa, agresiva. ....

e. Beber alcohol. ....

f. Vaso de cerveza de un litro. ....

g. Persona a la que le gusta la música rap. ....

h. Amor a primera vista. ....

5. **A continuación lee este texto del escritor Francisco Umbral sobre el** *cheli*, **y concretamente sobre la palabra** *rollo*.

...El rollo, en principio, es todo el conglomerado juvenil que ha elegido la marginalidad. Así, la frase usual "la gente del rollo". Luego, el rollo, en concreto, puede ser sexual, literario, colectivo, amoroso, drogota, etc. Las jais lo expresan en seguida:

– Anoche conocí a un tío, pero tenía un mal rollo. (Era pesado, aburrido o sobón).

El rollo puede ser bueno o malo. A uno se lo han dicho algunos pasotas después de la bronca tradicional:

– Y perdona el mal rollo.

O, por el contrario:

– Anoche nos enrollamos bien con la maría.

Hay drogas que tienen un buen rollo y drogas que tienen un mal rollo.

Dentro del mundo del rollo, uno acaba distinguiendo los infinitos matices de la misma palabra, según el contexto. Como sabemos que la luz de Guillén o Aleixandre no es la de un poeta particular.

Es peyorativo o meliorativo según los casos. En los argots anteriores, rollo era siempre peyorativo:

– Hemos visto una película que es un rollo.

El cheli toma esta palabra y la potencia al máximo. La forma verbal más sugestiva de rollo es *enrollarse*. "Tengo una gatita que se enrolla mucho", por el animal simpático y cariñoso. O aún una forma ya viciosa: "Tengo una gatita muy enrollada". Y otras cosas que dicen las jais:

– El tío es feo, pero se enrolla muy bien.

Les gusta Aranguren porque se enrolla muy bien. El enrollarse supone una manifestación total de la personalidad, claro: simpatía, locuacidad, amenidad, estar al día o "llevar un rollo muy peculiar", que es cosa que se valora mucho.

Enrollarse bien es contar bien lo que sea o contar bien la nada o no contar nada. Y por aquí podríamos dar con la máxima verdad y valoración del verbo *enrollarse*, el más importante que se ha creado a partir del viejo sustantivo metafórico *rollo*. Enrollarse es la cualidad humana de comunicarse. Comunicarse no es contar cosas importantísimas o de última hora, sino establecer unas redes léxicas que van envolviendo a todos los presentes, uno o varios, y reteniéndolos mágicamente.

Francisco Umbral, *Diccionario cheli*

En nuestro relato esta palabra se utiliza con frecuencia, y de él hemos sacado los siguientes ejemplos. Intenta encontrar entre las acepciones correctas las correspondientes a cada uso.

1. Historias extrañas o falsas.

2. Tener relaciones sexuales o contactos físicos.

3. Hablar demasiado.

4. Ser simpático y agradable.

– En esa época iba allí con mi gente a buscar camorra y a enrollarnos.

– ¿Prefieres que no me enrolle tanto y vaya a la historia en sí?

– Bueno, pues ese día fue importante por muchas razones. Nos enrollamos y empezamos a conocernos.

– Mira, no me cuentes rollos.

– No pienses mal: me enrollé con ellas, por supuesto, pero luego no me apetecía verlas más.

– Su cerebro no rige muy bien, pero dice unas cosas muy cachondas, tiene muy buen rollo.

6. **Las comparaciones (a veces pintorescas o absurdas) son muy frecuentes en español. En la novela que has leído se encuentran bastantes. Vamos a centrarnos en la palabra *como*. Con el esquema siguiente (extraído de la página 207 del *Método de español para extranjeros* de la editorial Edinumen *Nivel Superior* de Selena Millares) adjudica a cada una carácter real o irreal. ¿Son todas las que ves comparativas o modales?**

---

como

CAUSAL
– *Como nos encantó no dudamos en comprarlo.*

CAUSAL LITERARIO
– *Como viera que no le hacían caso, decidió no volver.*

CONDICIONAL
– *Como vuelvas a quejarte me enfadaré.*

MODAL
– *Convéncela como sea.*

---

como si

MODAL

– *Me miró como si no me conociera.*

CONCESIVO

– *¿Qué van a denunciarnos? Como si llueve; a mí me da igual.*

COMPARATIVO

– *Asistiremos tanto si nos invitan como si no lo hacen.*

ESTILO INDIRECTO

– *Antes de concedernos el crédito confirmaron algunos asuntos, como si teníamos una nómina fija.*

– Debía medir uno sesenta como mucho.

– Sus ojos eran grandes y castaños también y todos sus rasgos eran finos, como si hubieran sido dibujados con más detalle que los de los demás.

– Noté como si me estuviera analizando, pero no sonrió ni nada parecido.

– Algo de eso sentí entonces, como cuando ves a tu hermana pequeña con un tipo por primera vez.

– Me importa un carajo lo que hagas y que seas tan gilipollas como para andar vendiendo mierda en este antro.

– Por mí como si te mueres.

– Normalmente parece como si todo fuera una autopista hacia el infierno.

– Como comprenderás, no voy a contarte los detalles.

– Por un lado me daba como miedo de romperla y por otro me ponía bastante... lanzado, tú ya me entiendes.

– Era como cuando un motor suena suave y ronronea y sientes que todas las piezas se mueven perfectamente dentro y que todo encaja y va como la seda.

– Laura iba recogiendo las sábanas que estaban desperdigadas encima de la cama y comenzó a taparse las piernas, como sin darse cuenta.

– No quiero tener como novia a una camella.

– Como me pagaron más me compré un vídeo.

7.1.Has podido comprobar que para el protagonista la imagen es muy importante y dice mucho sobre la persona. El siguiente texto recoge la primera cita entre Pablo y Laura. En primer lugar, intenta colocar en cada espacio subrayado una palabra correcta. Después trata de encontrar un equivalente dentro de un nivel de lenguaje que no sea argot.

Quedamos en el mismo sitio de la semana pasada. Yo llamé a Rafa y les dije que esa tarde se las arreglaran como pudieran, que yo tenía .... Rafa se ...., lógicamente, pero yo no estaba para .... De alguna forma, no quería que mis colegas hiciesen con Laura las bromas habituales cuando uno se .... demasiado con una tía. Me duché, me arreglé de puta madre, bien ...., con mis vaqueros negros, mis botas, camiseta blanca bien ajustadita y mi .... negra de Harley Davidson. Para tumbar, vamos. Ella, me acuerdo, llevaba unos vaqueros muy viejos que le sentaban ...., una camisa blanca y una cazadora vaquera también muy vieja. No parecía una camella de barrio bajo y tampoco iba de siniestra. Más bien parecía que se había vestido un poco más a mi estilo; me gustó ese detalle.

Palabra	Equivalente
- cuelga	_____
- cachondeó	_____
- de alucine	_____
- chupa	_____
- maqueado	_____

> - plan
> - chorradas

7.2.En segundo lugar, de entre los siguientes nombres de prendas de vestir, diferencia aquellas que podrían vestir los protagonistas y las que no. Tendrás que usar a menudo el diccionario o preguntar a alguien.

❏ camperas
❏ calentadores
❏ bufanda
❏ esmoquin
❏ canotier

❏ tres cuartos
❏ guantes
❏ foulard
❏ ligas
❏ zapatos de aguja

❏ faja
❏ abrigo
❏ rebeca
❏ muñequeras
❏ mallas

TERCERA PARTE
Expresión escrita

1. **Cuando Laura trata de abandonar a Pablo, le escribe una carta de la que sólo sabemos lo que el propio Pablo nos dice de ella. Siguiendo esas indicaciones, intenta tú escribirla, imitando un poco el lenguaje posible que ella haya podido utilizar.**

2. **Reescribe en estilo indirecto el diálogo que mantienen Laura y Pablo cuando se conocen en el «Cadillac».**

3. **El siguiente texto narra la semana que pasó entre el día que Pablo y Laura se conocieron y su primera cita. Intenta reescribirlo utilizando un registro diferente (puedes hacerlo en estilo poético, objetivo, científico, culto, utilizando diversos tiempos verbales –siempre el mismo–, transformarlo en un diálogo, en un telegrama, ampliarlo...).**

   Así que pasó una semana y yo creí que ella se habría olvidado de mí, porque no me llamó. La verdad es que me fastidiaba que no me diera un telefonazo; no costaba mucho esfuerzo, pensaba yo. Esa semana no salí casi nada. Iba rápidamente a mi casa a esperar que me llamara. Me pasaba el rato leyendo revistas de motos y coches y el «Marca» y viendo la tele. Un asco, vamos. Cada día me ponía de peor humor. Me cagaba en esa tía que me hacía estar en casa a las siete de la tarde y no ir al bar o a jugar al fútbol. Además, me sentía un pardillo. Mierda, yo tenía veinte años, llevaba con tías desde los trece, las tenía cuando quisiera, no es por fardar, pero nunca he tenido problemas... Y esa tía enana me tenía fastidiado, metido en casa, ¡a mí!

4. **La historia que cuenta el protagonista va a ser publicada en el dominical de un periódico. Imagina que te pasan a ti las cintas de la grabación y te piden que escribas la noticia. Ten en cuenta que no sólo tendrás que hablar de este caso. Te puede servir el artículo sobre drogas que tienes a continuación.**

Años ochenta

La moda de la cocaína

La aparición del sida y la expansión de enfermedades como la hepatitis supusieron un frenazo a las drogas intravenosas. Y el LSD, que en los sesenta se usaba con gran éxito en programas antialcohólicos, también cayó en desuso ante sus letales consecuencias. Sólo la cocaína mantuvo su *popularidad*. El *tirito* en la nariz era símbolo de *status*. En España, el número

de partidarios de la *coca* crecía por momentos, y en 1986 la *droga de los yupies* contaba con 80.000 narices adictas. En EE UU nació el *crack* en 1983. Sus efectos eran devastadores. La marihuana seguía gozando de buena salud. A principios de los ochenta, EE UU presionó a México para que fumigara sus plantaciones, y los fumadores estadounidenses empezaron a producir su propia yerba. El *cannabis* se convirtió en el cuarto negocio agrícola del país. En España había ya 1,8 millones de adictos al *cannabis* en 1986. Y la heroína trajo grandes problemas sociales (como la delincuencia) y médicos: ese año había 125.000 heroinómanos españoles.

Cocaína. 'Nieve' del trópico
Producción: alrededor de 1.000 toneladas al año de cocaína o derivados, como el *basuko* (pasta base), la cocaína *free-base* (para fumar) o el novedoso (1983) *crack*. **Zona:** se produce en plantaciones por encima de los 300 metros de altitud, cálidas, húmedas y muy lluviosas. Colombia, Bolivia, Perú y Ecuador lideran la producción. **Legislación:** el uso de la hoja de coca es legal en los países andinos. En todo el mundo se persigue el tráfico y el blanqueo de dinero. Legislación similar a la heroína.

Años noventa

Vuelve la heroína

En los setenta se detectan en California variantes quí micas del fentanil, un opiáceo cien veces más po tente que la morfina y con unos efectos inmediatos Éste y otros compuestos análogos son denominado en su día *heroínas sintéticas*. Habían nacido las dro gas de diseño. Años más tarde, en 1987, Ibiza y la mú sica *acid house* ven el nacimiento de la 3,4 metilenc dioximetanfetamina (MDMA), más conocida como pí dora del amor, adán o *éxtasis*, droga que adquiere en esta década un auge sin precedentes. Pero est hecho no dejaba de ser una vuelta a las viejas anfe taminas. Se trata de una droga barata (2.000 peseta: y fácil de fabricar, se consume habitualmente en dis

cotecas y produce de pendencia psíquica. A pesar de la muerte po su consumo de dos jó venes en 1995, cad fin de semana medi millón de personas to man *éxtasis* en el Rei no Unido. Pero la he roína sigue causand estragos. Las muerte por sobredosis pasar en España de 143 e 1985 a 579 en 1991.

Heroína. La amapola de la muerte
Producción: entre 3.500 y 4.000 toneladas anuales. **Zona:** dos enclaves geográficos importantes: el *triángulo de oro*, entre las fronteras de Myanmar (antigua Birmania), Tailandia y Laos; y la *media luna de plata*, unas montañas escabrosas entre Afganistán y Pakistán. México, Turquía, Guatemala y Líbano han restringido su producción. **Legislación:** el tráfico en Tailandia se castiga con la pena de muerte. En muchos países de Europa el consumo se tolera, aunque se puede obligar al drogadicto a tratarse.

---

5. Imagina que eres un detective que ha seguido a Laura desde el inicio de la historia, porque estás trabajando en un caso de contrabando de drogas. Has ido anotando en una agenda todos los pasos que ella ha ido dando. Reproduce los datos de esa agenda.

CUARTA PARTE
Expresión oral

1. Uno de los aspectos fundamentales de la novela que has leído es la cuestión de las drogas. Puede establecerse un debate sobre ellas, y a partir de nuestro texto, se pueden debatir los siguientes puntos;

– Pablo tiene una actitud muy permisiva respecto a las drogas, pero mantiene su distancia con ellas. ¿Te parece una actitud correcta, o debería ser más combativo?

– ¿Creéis posible que la legalización de las drogas acabe con el problema de la delincuencia y la inseguridad? ¿Podría controlarse mejor con la legalización el aspecto sanitario?

– ¿Tiene nuestro sistema actual algún resultado positivo en la lucha contra el problema social de las drogas, o ha fracasado completamente?

2. La historia que has leído se centra en dos personajes. ¿Te parecen verosímiles? ¿Son personajes fáciles de identificar en una gran ciudad, o no son representativos? ¿Te son lejanas sus actitudes o te resultan familiares? ¿Habrías actuado tú de otra forma en alguna de las circunstancias?

3. La novela, ¿te ha gustado? ¿Te parece que mantiene el interés? La presentación del material lingüístico, ¿te ha parecido correcta? ¿Has aprendido muchas cosas nuevas de lengua y cultura?

SOLUCIONES

Comprensión lectora

1. a. *F,* b. *V,* c. *F,* d. *F,* e. *F,* f. *F,* g. *V,* h. *V,* i. *V,* j. *V,* k. *F,* l. *V,* m. *F,* n. *F.*

2. 1. *c,* 2. *b,* 3. *a,* 4. *a,* 5. *b,* 6. *b,* 7. *a,* 8. *c,* 9. *b,* 10. *c.*

Gramática y notas

3. Positivos: *A tope, guayabita, acojonante, de puta madre, cojonudo, lumbrera, cachondo, chulo.*

Negativos: *Gilipollas, paleto, acojonar, mosquear, pasarse, pringado, noñería, chorrada, pardillo, cabrearse, cuchitril, chungo, coñazo, cabrear.*

4.1. *Camello, chutarse, porro, caballo.*

4.2. a. *tugurio,* b. *largar,* c. *caldo,* d. *macarra,* e. *pimplar,* f. *mini,* g. *rapero,* h. *flechazo.*

7.2. *Podrían usar: camperas, guantes, foulard, mallas, muñequeras.*

TÍTULOS DISPONIBLES

LECTURAS GRADUADAS

HISTORIAS DE HISPANOAMÉRICA

HISTORIAS PARA LEER Y ESCUCHAR (INCLUYE CD)

Niveles:

E-I → Elemental I	I-I → Intermedio I	S-I → Superior I
E-II → Elemental II	I-II → Intermedio II	S-II → Superior II